Virginia Satir, Michele Baldwin
Familientherapie in Aktion
Die Konzepte von Virginia Satir in Theorie und Praxis

Reihe
Innovative Psychotherapie und Humanwissenschaften
Band 37
Herausgegeben von
Hilarion Petzold

Virginia Satir, Michele Baldwin

Familientherapie in Aktion

Die Konzepte von Virginia Satir in Theorie und Praxis

Aus dem Amerikanischen von Irmgard Hölscher

Junfermann-Verlag · Paderborn
1999

5. Auflage 1999

Titel: „Step by Step"
Übersetzung aus dem Amerikanischen: Irmgard Hölscher
Lektorat: Christoph J. Schmidt
Einband-Gestaltung: Christof Gassner

Gesamtherstellung: PDC — Paderborner Druck Centrum

CIP-Kurztitelaufnahme der Deutschen Bibliothek
Satir, Virginia:
Familientherapie in Aktion: d. Konzepte von Virginia Satir in Theorie u. Praxis/Virginia Satir; Michele Baldwin. Aus d. Amerikan. von Irmgard Hölscher. — Paderborn: Junfermann, 1988.
(Reihe innovative Psychotherapie und Humanwissenschaften; Bd. 37)
Einheitssacht.: Satir step by step <dt.>
ISBN 3-87387-274-9
NE: Baldwin, Michele:; GT

ISBN 3-87387-274-9
ISSN 0720-2385

Inhalt

Vorwort zur deutschen Ausgabe

Es gibt eine ganze Reihe von Versuchen, die faszinierende Arbeitsweise von Virginia Satir verstehbar und nachvollziehbar zu machen. Am bekanntesten ist sicher der Ansatz von *Bandler* und *Grinder*, die Satirs therapeutische Praxis auf die ihr zugrundeliegende Struktur untersuchten („Die Struktur der Magie"). Es ist mir eine angenehme Aufgabe, mit diesem Vorwort einen neuen und ganz anderen Versuch dem deutschen Leser vorzustellen, nämlich dieses Buch: „Familientherapie in Aktion".

Im ersten Teil versucht Michele Baldwin, am Beispiel eines Familiengesprächs das Vorgehen von Virginia Satir zu erklären und nachvollziehbar zu machen und zwar „Step by Step" (so auch der amerikanische Originaltitel). Kommentare von ihr und von Virginia Satir sollen dabei zeigen, daß dieses Interview nach einer in sich schlüssigen Logik aufgebaut ist. Jeder Schritt wird erklärt, die Absichten Satirs verdeutlicht — und so zeigt sich, daß dem scheinbar sich assoziativ entwickelnden Gesprächsverlauf durchaus ein Aufbau unterliegt. Es hat mich beim Lesen allerdings gestört, daß immer wieder der Eindruck entsteht, dieser Aufbau sei von vornherein geplant, die Intuition sei von Anfang an zielsicheres Handeln. Dieser Eindruck wird durch manche überschwengliche Formulierung Baldwins bestärkt, besonders durch den Gebrauch von Universalaussagen wie: „sie überprüft... immer", „achtet immer darauf...", „benutzt jede Gelegenheit" oder in Forderungen an den Therapeuten, ausgedrückt in Worten wie: „muß", „sollte", „darf nicht" usw. Es ist für mich wichtig, Satir nicht als Übermenschen zu sehen, der alles perfekt kann. Ich finde es hilfreich, mir bewußt zu machen, daß der Plan, das Ziel eines Gesprächs sich im unmittelbaren Kontakt zwischen Therapeut und Klientenfamilie entwickelt. Aussagen der Klienten und Interventionen des Therapeuten bilden gemeinsam ein ko-evolvierendes System, in dem es möglich wird, daß sich schrittweise die Regeln für das familiäre Handlungssystem, die Leid aufrechterhalten, verändern.

In diesem Buch ist mir besonders deutlich geworden, daß die Zielbewußtheit von Virginia Satir in einem entschieden normativen Modell vom Menschen wurzelt, einem Bild von dem, was Leben lebenswert macht: die Erlaubnis, alle Sinne gebrauchen zu dürfen, die Fähigkeit, kongruent und mit sich selbst in wertschätzendem Kontakt zu anderen liebevolle und nahe Beziehungsformen zu leben. Damit stellt sich Satir in die Tradition des Menschenbildes der Humanistischen Psychologie, der Idee, daß jeder Mensch ein Potential in sich trägt, das zu wecken und zu fördern ist, und daß Wachstum von jedem Punkt der Entwicklung aus möglich ist. So ist Satirs Ansatz, der im Buch mehrfach in die Nähe von Pädagogik gerückt wird, auch eindeutig abgrenzbar, z. B. von strikt neutralen Therapiemodellen wie der Mailänder Schule; und damit wird auch deutlich, daß die Zielsicherheit Satirs weniger auf einem vorgefaßten Plan beruht, als vielmehr darauf, daß sie jede Interaktion vor dem Hintergrund ihres Menschenbildes prüft und versucht, sie in Richtung auf die Verwirklichung ihrer humanistischen Ideen zu verändern.

Eine explizite Ausformulierung dieser Vorstellungen findet sich im zweiten Teil des Buches. Hier werden theoretische Grundvorstellungen Satirs formuliert, wobei ihre anthropologischen Prämissen, eben ihr Menschenbild, besonders ausführlich expliziert werden. Dies ist sehr zu begrüßen, da dieser Schritt in vielen Theoriekonstruktionen unterbleibt. Die hierbei deutlich werdende Transparenz wiegt m. E. einen Kritikpunkt auf, der dem Satir-Modell vielfach vorgehalten wird, nämlich den der mangelnden theoretischen Präzision. Er ist sicher nicht aus der Luft gegriffen: Gelegentlich wird der Leser auch in diesem Buch auf fragwürdige Vereinfachungen stoßen, etwa bei der Frage, ob die Aussage berechtigt ist, daß „die Naturwissenschaft" zu östlichen Philosophien zurückfindet — eine Vorstellung, die schön und wünschenswert, jedoch nicht realistisch ist angesichts der Tatsache, daß sich über die Hälfte aller lebenden Physiker direkt oder indirekt mit der Produktion von Waffensystemen beschäftigt.

Vermutlich ist es auch der Mangel an Präzision ihrer theoretischen Aussagen, der manchen kritischen Leser abschreckt und erklären mag, warum ihre Ideen so wenig an Universitäten Beachtung finden (von löblichen Ausnahmen abgesehen) — zu Unrecht, wie ich meine: Die aus jahrzehntelanger Erfahrung gewonnenen Konzepte zeichnen sich durch eine Unmittelbarkeit und direkte emotionale Nachvollziehbarkeit aus, die so mancher akademischen Theorie völlig verlorengegangen ist. Wenn man versucht, das Modell von Virginia Satir auf seinen theoretischen Gehalt hin zu untersuchen, kann man feststellen, daß es eine hohe integrative Kompetenz besitzt und daß es sicher auch möglich ist — wenn's denn sein muß —, es auf formaleren Ebenen zu fassen. Man kann vor allem feststellen, daß ihre Vorstellungen einen hohen Grad an ökologischer Validität besitzen, indem in ihnen Aussagen zu verschiedenen epistemologischen Niveaus zu finden sind: So sind ihre Gedanken auf der Ebene des Menschenbildes mit der Humanistischen Psychologie verwandt, gehen aber gleichzeitig darüber hinaus, indem die soziale Verfaßtheit der Person stärker akzentuiert wird. Ihre persönlichkeitstheoretischen Aussagen sind denen von *Rogers* (bzw. anderen phänomenologischen Richtungen) sehr ähnlich und gehen über sie hinaus, indem Aspekte kognitiver Theorien über individuelle Informationsverarbeitungsprozesse miteinbezogen werden. Ihre Familientheorie ist systemisch und geht darüber hinaus mit dem Versuch, zu verstehen, wie intrapsychische Prozesse und Kommunikation zusammenhängen (die Tabuisierung des Individuums — wie in manchen systemischen Konzepten zu finden — war für Satir nie Thema!). Sie hat damit eine Mehrebenenkonzeption psychosozialer Intervention entwickelt, wie sie in der systemischen Literatur erst in der letzten Zeit diskutiert wird.

Auch das Argument, ihre Arbeit sei so auf ihre Persönlichkeit zugeschnitten, daß sie nicht so zu übernehmen sei, zählt nur für den, der auf der Suche nach technischen Rezepten ist: „Was mache ich wann wie?" Die Antwort, die sie in einem solchen Fall für den fragenden Therapeuten bereit hat, ist sicher dieselbe wie für den fragenden Klienten: „Wo sind deine Stärken, was möchtest du tun, was hindert dich daran, den Schritt zu gehen?" Hier war und ist Virginia Satir für mich persönlich ein Vorbild: nicht darauf zu sehen, was andere für richtig halten, sondern die eigene, ganz persönliche Kompetenz zu finden, zu entwickeln und zu ihr zu stehen. Das ist der Kern dessen, was ich von ihr gelernt habe.

Dazu gehört für mich auch, daß ich einfach nicht immer und unter allen Umständen alles großartig und beklatschenswert findet, was sie sagt — und manchmal habe ich bei diesem Buch den Eindruck, daß der Leser gut beraten ist, den etwas überschwenglichen Stil zu relativieren, sich weniger beeindrucken zu lassen, sondern es statt dessen wirklich als Lern- und Nachschlagebuch zu nutzen. Dann wird er es mit sehr viel Gewinn lesen.

Osnabrück im Juli 1987
Arist v. Schlippe

Vorwort von Virginia Satir

Mein erstes Buch, Conjoint Familiy Therapie, erschien 1964 (dt.: Familienbehandlung, Freiburg 1973), und ich schrieb es auf Aufforderung des National Institute of Mental Health (Nationales Institut für psychische Gesundheit). Das Institut hatte die letzten fünf Jahre eines Ausbildungsprogramms für Familientherapie finanziert, das ich am Mental Research Institute in Palo Alto, Cal., entwickelt und durchgeführt habe. Sie hielten meine Arbeit anscheinend für wichtig genug, daß sie schriftlich festgehalten werden sollte.

Damals war meine Arbeit neu und wahrscheinlich sogar verrückt. Als das Buch erschien, hatte ich bereits 13 Jahre in privater Praxis mit Familien gearbeitet, zunächst sieben Jahre lang in Chicago. Auf Aufforderung von *Dr. Kalman Gyarfas,* des Leiters des Chicago State Hospital, baute ich drei Jahre lang ein Ausbildungsprogramm für Familientherapeuten am Illinois State Psychiatric Residency Program (Programm für Assistenzärzte der Psychiatrie im Staat Illinois) auf. *Dr. Gyarfas* war entschlossen, den Assistenzärzten die Bedeutung, die die Familie für die Patienten hat, nahezubringen. Bei diesem Programm habe ich mit *Dr. Harald Visotsky* zusammengearbeitet.

In den mehr als 30 Jahren, in denen ich mit Familien arbeite, ist viel passiert. Was damals ganz ungewohnt und neu war, gehört heute zur Alltagsarbeit. Andere Therapeuten beteiligten sich am Aufbau, u. a. *Nathan Ackerman, Murray Bowen* und *Don Jackson.*

Damals gab es nur eine Methode im Umgang mit psychiatrischen Patienten, und das war die medizinische, die sich ausschließlich mit dem einzelnen Patienten beschäftigte. Meiner Meinung nach funktionierte das nicht gut, und ich spürte intuitiv, daß es noch andere Möglichkeiten geben müßte. Also versuchte ich, sie zu finden.

Ich beschäftigte mich intensiv mit den Konzepten und Methoden von Psychologie, Psychiatrie und Sozialarbeit, fand aber so gut wie keine Hinweise darüber, wie sich Menschen verändern.

Ich konnte mich also nur auf meine Intuition verlassen, da es keinen Kontext oder ein Modell für einen anderen Zugang gab. Ich ließ mich von meinem Gefühl für das Richtige leiten, und ich konnte immer erst hinterher formulieren, was ich getan hatte. Und bis heute geht meine Intuition der Ratio voraus.

Aber meine Neugier und das Bedürfnis, zu verstehen, was ich tat, zwangen mich dazu, meine Überlegungen weiter zu entwickeln und zu formulieren. Ich orientierte mich an Biologie, Linguistik, Theologie, Physik, Lerntheorien, Drama, Geschichte, Kunst und Spiel.

Ich war auf unbekanntem Territorium und schwamm meist gegen den Strom, aber viele Menschen fühlten sich von meiner Arbeit angezogen und wurden meine Schüler. Sie waren mir eine unermeßliche Hilfe, denn der Beobachter sieht oft Dinge, die dem Beobachteten nicht bewußt sind.

Eine von diesen Schülern war *Michele Baldwin*. Unsere Beziehung ist seit langem mehr als die zwischen Schülerin und Lehrerin, wir sind gleichberechtigte Partner. Ihre Idee, ein Buch zusammen zu schreiben, hat mich gefreut und gerührt. Sie wollte die sogenannte „Magie" meiner Arbeit erklären. Ihre Fragen und ihre Wahrnehmung meiner Arbeit waren ein enormer Gewinn für mich. Mit ihrer Hilfe ist mir sehr viel klarer geworden, was ich tue.

Ich bin ihr sehr viel schuldig, denn sie hat fast all die harte Arbeit getan, während ich nur das Rohmaterial zur Verfügung gestellt habe.

Für mich ist ein Buch ein sehr intimer Ausdruck seines Autors. Dieses Buch ist ein intimer Ausdruck meiner selbst, durch die Augen eines anderen betrachtet, durch die Augen eines Menschen, den ich achte, der den Hintergrund, das Wissen und die wissenschaftliche Klugheit besitzt, die dem Buch sein Format verleihen.

Virginia M. Satir

Teil I

Praxis

Einführung

Jeder ernsthafte Beobachter von Virginia Satirs Arbeit weiß, daß sich hinter ihrer therapeutischen Kunst eine solide Kenntnis familiärer Prozesse verbirgt, die auf der jahrelangen Arbeit mit tausenden von Familien beruht. „Die Struktur der Magie" von *Richard Bandler* und *John Grinder** hat einen großen Beitrag zur Entmystifizierung ihrer Arbeit geleistet, weil es deutlich macht, wie ihr Umgang mit Sprache Veränderungen bewirkt. Mittlerweile haben viele ihrer Schüler und Kollegen ihre Methoden in ihre eigene Arbeit integriert. Außerdem hat Virginia Satir selbst ihre Gedanken und Konzepte in mehreren Büchern, Sammelbänden und Zeitschriften vorgestellt, so daß viele, die sich beruflich oder privat mit diesem Gebiet beschäftigen, ihre Konzepte kennen.

Dieses Buch will das Verständnis für die Grundlagen ihrer Arbeit und für die Basis ihrer Interventionen vertiefen. Teil I ist die schrittweise Analyse eines Familieninterviews. Teil II zeigt die Verbindung zwischen Virginia Satirs therapeutischer Arbeit und ihrer Philosophie auf. Einige der grundlegenden Konzepte dieses Buches sind ausführlicher in „Familienbehandlung" (Freiburg 1973) und „Selbstwert und Kommunikation" (München 1975) beschrieben, und den Lesern, denen der Satir-Ansatz noch nicht vertraut ist, wird empfohlen, diese beiden Bücher zu Rate zu ziehen, obwohl natürlich dieses Buch auch für sich allein gelesen werden kann.

Das Interview des ersten Teils fand bei einem zweitägigen familientherapeutischen Workshop für kirchliche Mitarbeiter, Psychiater, Psychologen und Sozialarbeiter der US-Armee statt. Die Familie, die sich in Langzeittherapie bei einem der kirchlichen Mitarbeiter befand, hatte sich zur Mitarbeit bereit erklärt. Die fünf Kinder waren nur am zweiten Tag des Workshops dabei, als auch das folgende Interview stattfand.

---

*) *Bandler/Grinder* Metasprache und Psychotherapie. Die Struktur der Magie I, Junfermann-Verlag, Paderborn 1987[3]; *Bandler/Grinder*, Kommunikation und Veränderung. Die Struktur der Magie II, Junfermann-Verlag, Paderborn 1987[4].

Die Familie war ursprünglich in die Therapie gekommen, weil die Eltern Schwierigkeiten hatten, mit den Kindern fertig zu werden, und weil die ganze Atmosphäre des Familienlebens sehr angespannt war. Diese Konflikte lassen sich nicht auf Familien in den Streitkräften beschränken, tauchen aber häufig auf, wenn der Beruf der Eltern häufige Trennungen von der Familie und dadurch auch immer wieder neues Sich-eingliedern mit sich bringt.

Es gibt immer wieder Bedenken dagegen, eine Familie einem Publikum auszusetzen, wegen möglicher Ausbeutung, Verletzung der Intimsphäre, Demütigung und Exhibitionismus. Virginia Satir ist dafür sehr sensibel und arbeitet nie vor einem Publikum, wenn die Familie sich nicht sicher ist, ob sie das will. Ihr Hauptziel ist es, die Selbstachtung der Familienmitglieder zu erweitern, und deshalb vermeidet sie peinlichst alle demütigenden oder dem Selbstwert abträglichen Reaktionen. Außerdem hält sie sich streng an die privaten Grenzen, die die Familienmitglieder sich setzen. Der einzige Unterschied in der Arbeit mit und ohne Publikum liegt darin, daß sie vor einem Publikum der Familie einige ihrer Interventionen gründlicher erklärt.

Virginia Satir besitzt im hohen Maße die Begabung, menschliche Erfahrung zu verallgemeinern, so daß auch Zuschauer, die die konkrete Erfahrung nicht nachvollziehen können, die damit verbundenen Gefühle wiedererkennen und die Belange und Schmerzen der Familienmitglieder mit Empathie begleiten. Gleichermaßen verschwinden sehr schnell exhibitionistische Tendenzen bei den Familienmitgliedern angesichts der Authentizität, die in Virginia Satirs Interaktionen entsteht.

Obwohl sie nicht mehr regulär praktiziert, sind fast alle ihre Aktionen aus den Erfahrungen der Praxis entstanden. Ihre familientherapeutischen Sitzungen sind mittlerweile fast immer zeitlich begrenzt, und das könnte zu dem Eindruck führen, sie widme der Informationssammlung nicht die für ein Tiefenverständnis der Familie notwendige Zeit. Sie ist im Gegenteil zutiefst von der Notwendigkeit überzeugt, so viele Informationen wie irgend möglich über die Familie zusammenzutragen, und beschäftigt sich manchmal mit mehreren Generationen, um mehr über die Ursprungsfamilie zu erfahren, auch wenn es dabei um ein so begrenztes Interview wie das hier vorliegende geht. Außerdem kann sie aufgrund ihrer großen Erfahrung aus relativ wenig Material sehr viele Informationen über die Familiendynamik herausfiltern.

Die Philosophie, die Virginia Satirs therapeutischer Arbeit zugrunde liegt, wird im II. Teil beschrieben. Sie ist der begriffliche Rahmen für ihr Therapiemodell, und mit dieser Hilfe lassen sich ihre Ziele verdeutlichen (Kapitel 2). Ihre Philosophie ist die Basis für Art und Ort ihrer

Diagnose und Interventionen (Kapitel 3). Diese drei Kapitel erklären die Entwicklung des Selbstwertprozeßmodells, das im vierten Kapitel vorgestellt wird. Kapitel 5 beschäftigt sich mit Person und Beruf des Familientherapeuten und zeigt, daß Virginia Satirs Therapieprozeßmodell nur benutzt werden kann, wenn man ihre Grundannahmen über den Menschen und über Veränderung teilt. Das letzte Kapitel präsentiert einige ihrer Methoden, deren wirkungsvolle Anwendung allerdings ein Verständnis des weiteren Kontextes voraussetzt, in dem ihre Arbeit steht.

Es ist durchaus möglich, den zweiten Teil des Buches zuerst zu lesen. Er liefert die Grundlage für das Verständnis des Interviews und ist nur deshalb hintangestellt, weil der Leser es vielleicht einfacher findet, sich mit der Sitzung vertraut zu machen, bevor er in die Theorie einsteigt.

Die maskuline Form ist hier neutral zu verstehen, sie wurde durchgängig zur Erleichterung des Lesens anstelle von er/sie, sein/ihr benutzt.

Familieninterview

Die Familienmitglieder:
Casey, männlich, Ehemann und Vater, 35 Jahre,
Margie, weiblich, Ehefrau und Mutter, 34 Jahre.
Die Kinder:
Susie, 15
Betty, 13
Coby, 12
Lisa, 10 und Lucy, 10 — Zwillinge.

Auf der linken Seite findet sich die Abschrift eines Videobandes über das Familieninterview, auf der rechten Seite Beobachtungen und Kommentare zum therapeutischen Prozeß. Es empfiehlt sich, das Interview zunächst ganz durchzulesen, um einen besseren Eindruck vom gesamten Ablauf zu erhalten.

1. VIRGINIA (*mit Blick ins Publikum*): Also, Casey und Margie und Lucy und Lisa und Coby und Betty... ich hab's behalten! Susie... eine hab' ich vergessen. Kommt ruhig nach oben, setzt euch, wohin ihr wollt. Wir können die Stühle auch umstellen, nichts ist aus Beton. (*Nachdem alle sitzen:*) Übrigens, wie sitzt ihr denn zu Hause beim Essen? Wer sitzt dann wo?

MARGIE: Er sitzt an einem Ende und ich am anderen.

2. VIRGINIA: Vater hier und Mutter da. Gut, und es gibt viele Kinder. Wer sitzt neben Vater?

COBY: Ich und meine Schwester Betty.

VIRGINIA: Dann sitzt ihr also ein bißchen so wie zu Hause... und dann...

MARGIE: Einer der Zwillinge sitzt hier.

VIRGINIA: Wer?

MARGIE: Lucy oder Lisa.

VIRGINIA: Moment mal. Wer...?

MARGIE: Lucy und Lisa.

VIRGINIA: Lucy und Lisa... eine auf jeder Seite von Ihnen?

MARGIE: Richtig. Und dann Susie.

VIRGINIA: Mensch, das heißt, daß jeder von euch jemanden hat. Ihr beide (*sie blickt Susie verschmitzt an:*), und was ist mit dir? Wo sitzt du?

SUSIE: Ach, ich quetsche mich irgendwo dazwischen.

3. VIRGINIA: Du quetschst dich irgendwo dazwischen. Aber das ist das Problem! (*Jetzt sieht sie Lucy und Lisa an:*) Wißt ihr, ich möchte euch was erzählen, Lucy und Lisa. Ich habe zwei Brüder, die 18 Monate jünger sind als ich. Als ich 18 Monate alt war, ka-

1. Virginia Satir vermittelt den Familienmitgliedern das Gefühl, für die Sitzordnung verantwortlich zu sein, und schafft so von Anfang an eine Atmosphäre informeller und entspannter Freundlichkeit. Sie macht auch deutlich, daß die Sitzordnung verändert werden kann, wenn die Teilnehmer das wünschen.

2. Virginia Satir beginnt mit einer sehr menschlichen, zurückhaltenden Frage zu einer Aktivität der Familie. Sie hält sich bewußt von dem Problem fern, das die Familie in die Therapie gebracht hat, denn es geht ihr in erster Linie um eine sichere, vertrauensvolle Atmosphäre. Durch die Beobachtung der Reaktionen der Familienmitglieder auf die Eröffnungsfrage erhält der Therapeut Informationen zu verschiedenen Bereichen des Familiensystems:

   a. Kommunikationsmuster tauchen auf: wer spricht zuerst, wer sagt gar nichts, wie reagieren die Familienmitglieder auf Antworten, mit denen sie übereinstimmen und bei denen sie anderer Meinung sind, wieviel Achtung zeigen sie sich gegenseitig usw. Außerdem werden die Kommunikationshaltungen deutlicher.

   b. Die Regeln für die Kommunikation zwischen den Eltern, den Eltern und den Kindern und zwischen den Kindern tauchen auf.

   c. Der Selbstwert der einzelnen Familienmitglieder wird manifest.

   d. Auch das Familienklima wird deutlich: wie sicher fühlen sich die einzelnen Mitglieder, wenn sie sich ausdrücken, können die Kinder frei über ihre Eltern reden, wie muß es sich anfühlen, in einer solchen Familie zu leben etc.

3. Virginia Satir nimmt über Humor den Kontakt auf. Sie registriert auch den Hinweis, daß Susie, die Älteste, sich der Familie vielleicht nur wenig verbunden fühlt. Die Qualität des guten Therapeuten ist abhängig von seiner Fähigkeit, Hinweise zu registrie-

men sie zur Welt. Und meine Mutter und mein Vater hatten oft Schwierigkeiten, herauszufinden, wer wer war. Und deswegen möchte ich, daß ihr mir helft, herauszukriegen, wer wer ist. Habt ihr die Schwierigkeit manchmal? Ihr habt sie nicht? Habt ihr sie?

CASEY: Ich kann sie nicht auseinanderhalten.

4. VIRGINIA: Sie können sie nicht auseinanderhalten. Ihr könntet also Unsinn damit machen. Meine Brüder machten den größten Blödsinn damit. Habt ihr das mal gemacht?

LUCY: Ja, einmal, im Kindergarten.

VIRGINIA: Einmal im Kindergarten.

LUCY: Wir haben die Gruppen im Kindergarten getauscht, aber ich wußte nicht, was sie gesagt hat, und da ist es rausgekommen.

5. VIRGINIA: Ihr habt das also im Kindergarten gemacht. Meine Brüder haben das auch immer gemacht. Sie haben das sogar gemacht, als sie mit Mädchen ausgingen, als sie älter waren. (*Gelächter*) Ist schon in Ordnung, das ist menschlich.

CASEY: Vielen Dank. Da haben Sie ihnen was in den Kopf gesetzt.

VIRGINIA: Ach, wissen Sie, ich glaub' nicht, daß ich sie erst darauf bringen mußte.

CASEY: Das glaub' ich auch nicht.

6. VIRGINIA: Wie auch immer, heute jedenfalls möchte ich, und ich glaub', ich kann's nicht immer — ich möchte heute, wenn ich an dich denke, auch dich anreden können, ohne in deine Richtung zu sehen. Wie machen wir das?

LISA: Sie können unsere Namensschilder lesen.

VIRGINIA: Ich lese eure Namensschilder. Das hilft. Gut. Ist das für dich in Ordnung, Lucy?

ren, die er nur benutzt, wenn sie durch weitere Beobachtungen bestätigt werden.

4. Mit dem Beispiel aus ihrer eigenen persönlichen Erfahrung begibt sich Virginia Satir menschlich auf die gleiche Ebene wie die Familienmitglieder. Außerdem reagiert sie auf die besondere Situation der Zwillinge. Sie stellt sich dieser Situation, die dadurch kompliziert ist, daß die beiden Mädchen nicht auseinandergehalten werden können.

5. Humor: Mit Humor lassen sich Probleme in ein neues Licht rücken, die möglicherweise ernst werden könnten. Außerdem schafft Lachen eine starke Verbindung zwischen Menschen.

6. Hier teilt Virginia Satir den Zwillingen zweierlei mit: a) ist es wichtig, daß sie sie auseinander halten kann, und b) braucht sie Hilfe, um keine Fehler zu machen. Sie bestätigt die Zwillinge durch ihre Bitte um Information. Außerdem führt sie der Familie (besonders dem Vater) vor, wie wichtig es ist, die Zwillinge als zwei getrennte Individuen zu behandeln.

LUCY: Ist mir egal.

VIRGINIA: O.k. Wißt ihr, das werde ich auch machen, weil es schwierig ist, euch nicht zu verwechseln. Hast du damit auch Schwierigkeiten, Susie?

SUSIE: Nein.

VIRGINIA: Damit, daß du manchmal überlegst, ob Lucy Lisa und Lisa Lucy ist?

SUSIE: Oh nein, ich kann sie auseinanderhalten.

VIRGINIA: Das klappt bei dir.

SUSIE: Ja, das klappt.

VIRGINIA: Ja, aber dein Vater kann's nicht.

SUSIE: Er nennt sie Baby.

VIRGINIA: Baby, so...

SUSIE: Er ruft sie beide runter und...

7. VIRGINIA: Hast du damit auch Schwierigkeiten, Betty?

BETTY: Nein. Nur wenn ich sauer auf sie bin, dann kann ich sie nicht auseinanderhalten.

8. VIRGINIA: Wenn du sauer auf sie bist, kannst du sie nicht auseinanderhalten. Dazu kann ich dir was erzählen. Wenn man nämlich wütend ist, ist es ganz schwer, überhaupt noch etwas zu sehen. Deshalb kann ich das gut verstehen. Und wie ist das mit dir, Coby?

COBY: Ich weiß nicht. Ich kenne sie.

VIRGINIA: Du kennst Lisa?

COBY: Ja, die kenne ich gut.

7. Virginia Satir sammelt Informationen über die Beobachtungsfähigkeiten der einzelnen Familienmitglieder.

8. Hier wird eine sichere Atmosphäre geschaffen, wenn sie feststellt, daß die Konsequenzen von Wut u. a. sind, daß man nicht mehr sehen kann. „Wenn man nämlich wütend ist" deutet an, daß Ärger ein universelles Gefühl ist und keine negative Konnotation hat. Gleichzeitig hat die Aussage, daß Ärger die Fähigkeit beeinträchtigt, Menschen wirklich zu sehen, für die ganze Familie einen hohen erzieherischen Wert.

VIRGINIA: Also du kennst Lisa gut, und dann meinst du, du kennst Lucy nicht, und dann ist es leicht, sie auseinanderzuhalten. Ist es das?

COBY: Ja, weil sie auf 'ne bestimmte Weise lacht und sie nicht.

VIRGINIA: Lisa...

COBY: Sie lacht mit offenem Mund, und sie lacht mit geschlossenem Mund.

VIRGINIA: Das sind wichtige Hinweise. Das ist ein Hinweis für Sie, Casey.

9. COBY: Sie kneift die Augen zusammen und sie nicht.

VIRGINIA: Es gibt also Lachen und Augen-zusammenkneifen und nicht so viel Lachen oder eine andere Art Lachen. Ist das so?

COBY: Hm.

VIRGINIA: Sag mal, das ist aber interessant. Das ist eine gute Beobachtung. So kannst du sie also...

COBY: Ja, und noch ein Unfall, den ich gemacht habe... vor langer Zeit. Sie hat eine Narbe an der Lippe und sie nicht.

10. VIRGINIA: Lisa hat also eine Narbe an der Lippe... das hilft dir. Ich hab' auch eine. Als ich sieben war, ging ich zwischen zwei Pferden durch, und einer von den Jungen warf vom Pferderücken einen Eimer. Der hat mich voll an der Lippe getroffen. Die Narbe ist nur noch ganz schwach. Deshalb hatte ich sie. Ich hatte keinen Zwilling.

COBY: Ich hab' 'ne Dachpfanne geworfen.

VIRGINIA: Du hast eine Dachpfanne geworfen? Warst du das also? War das sowas wie ein Unfall?

COBY: So ähnlich.

Lisa

9. Coby zeigt scharfe Beobachtungsfähigkeiten, wenn er mehrere Möglichkeiten zur Unterscheidung der Zwillinge nennt. In der Interaktion mit Coby demonstriert Virginia die Technik, einen Dialog über andere zu führen. In dieser Situation hört und fühlt jeder der Zwillinge, wie genau er von den anderen gesehen wird, ohne reagieren oder sonst etwas tun zu müssen.

10. Wieder eine Aussage über eigene menschliche Probleme, die denen der Familienmitglieder ähnlich sind.

Coby

VIRGINIA: So ähnlich wie ein Unfall.

COBY: Ich war wütend.

11. VIRGINIA: Du warst wütend. Na, so was passiert manchmal. Jedenfalls (*sieht Susie an:*), ich bin einfach neugierig. Coby weiß also, wer Lisa ist und wer Lucy ist. Wie ist das bei dir, Susie? Wie erkennst du die Unterschiede?

SUSIE: Ihre Gesichter und ihr Wesen.

VIRGINIA: Gesichter und Wesen.

SUSIE: Ja.

VIRGINIA: Gut. Wie ist das mit den Gesichtern?

SUSIE: Na, für mich sehen sie nicht gleich aus. Lisas Gesicht ist runder als Lucys.

VIRGINIA: Lisas Gesicht geht runter und Lucys...

SUSIE: Lisas ist runder.

12. VIRGINIA: Ich kann dich nicht hören, Schatz.

SUSIE: Lisas ist runder.

VIRGINIA: Runder, ah, runder.

SUSIE: Lucys ist... ihres ist genau richtig.

VIRGINIA: Ein bißchen sehe ich das jetzt.

SUSIE: Und Lucy ist ein bißchen pummeliger als Lisa.

VIRGINIA: Lucy ist pummeliger als Lisa.

SUSIE: Lisa ist größer als Lucy.

11. *Virginia*: Diese Information ist eine Botschaft mit einer impliziten Information für den Rest der Familie. Sie besagt in Wirklichkeit: „Gut, wir können mit Dingen, die mit Ärger verbunden sind, umgehen." Ich habe bereits zweimal bei Ärger interveniert: einmal mit der Bemerkung „Wenn wir wütend sind, können wir nicht sehen" und dann: „War das sowas wie ein Unfall?" — „So ähnlich." — „Na, sowas passiert manchmal." Auf diese Weise erfährt die Familie, wie ich diese Art Ereignisse betrachte. Humor ist auch hilfreich, um so etwas zu relativieren.
Kommentar: Coby zeigt, daß er sich im Gespräch über ein Ereignis, das seine Ursache in Ärger hatte, sicher fühlt. Virginia Satirs sachliche Reaktion trägt zur Entwicklung von Vertrauen bei, nicht nur bei den Beteiligten, sondern implizit bei der ganzen Familie.

12. Manche von uns waren völlig überrascht, daß Virginia das Wort „Schatz" benutzte, und fragten sie danach. Anscheinend ist das Wort „Schatz" im Mittleren Westen eine völlig normale, akzeptable Anrede.

Margie, Mutter

VIRGINIA: Lisa ist größer als Lucy, ah ja. Habt ihr das gewußt, was da alles passiert, und daß die Leute die Köpfe zusammenstecken, um herauszufinden, wer wer ist? Habt ihr das bemerkt? Hast du das gewußt, Lucy?

LUCY: Was?

13. VIRGINIA: Hast du gewußt, wie die Leute sich bemühen, um herauszufinden, wie du und Lisa euch unterscheidet? Das ist neu für dich. (*Sieht Margie an:*) Wie machen Sie das, Margie?

MARGIE: Lisas Augen stehen enger zusammen als Lucys. Lisa hat die größeren Augen und Lisa hat außerdem eine Warze auf dem rechten Augenlid.

LISA: Da hat meine Mutter eine Warze.

14. VIRGINIA: Eine Warze. (*Betrachtet die Warze sorgfältig:*) Laß mich deine Warze mal sehen. Ah ja, genau hier. Das sollte Ihnen eine Menge Hinweise geben, Casey.

CASEY: Das klappt nicht.

VIRGINIA: Das klappt nicht. Ich würde gern wissen, wieso.

15. CASEY: Ich weiß nicht. Ich kann sie einfach nicht auseinanderhalten. Ich konnte das von Anfang an nicht, auch nicht, als sie so klein waren. Ich nenne sie Zwillinge. Manchmal hab' ich Glück und rate richtig.

SUSIE: Wie heute morgen.

CASEY: Wie heute morgen. Normalerweise rufe ich sie beide runter.

COBY: Er hat sie beide gerufen, und dann kommen sie beide runter, und dann sagt er: Welche von euch ist Lucy? Dann schickt er die andere wieder hoch. (*Gelächter*)

VIRGINIA (*ernst*): Das kann ja manchmal witzig sein, aber manchmal hat das auch Folgen.

V. S.

13. Virginia Satir gibt Lucy und Lisa immer mehr Bestätigung, indem sie den Individualisierungsprozeß weiterführt.

14. *Virginia:* An diesem Punkt weiß ich nicht, ob eine Warze in dieser Familie etwas Gutes oder etwas Schlechtes ist. Aber ich gehe davon aus, daß es im Kontext von „Laß mich dieses Merkmal, das etwas Besonderes an dir ist, mal sehen" und „Großartig, daß du mir zeigst, was abläuft" anerkannt werden kann.
Kommentar: Das ist eine weitere Möglichkeit, jemanden zu bestätigen, indem man anerkennt, was da ist. Die Reaktion modelliert der Familie eine nichtwertende Haltung zu Dingen und Ereignissen.

15. *Virginia:* Bei Casey ist Hilfe zu seiner Individualisierung nötig. Außerdem ist das Information für die Mädchen. Ich mache das so, daß sie keine negativen Selbstwert-Botschaften daraus entnehmen müssen. Sie sehen, wie ihr Vater verallgemeinert und wie er über seine mangelnden Differenzierungsfähigkeiten spricht. Das ist ein Problem, das er zugibt. So brauchen sich die Zwillinge also weniger Gedanken darum zu machen, wie er sich jeder einzelnen gegenüber fühlt.

CASEY: Ja, ich hab' schon mal die falsche verhauen, und dann sind sie empört.

VIRGINIA: Na, da kann ich ihnen keinen Vorwurf machen, Sie etwa?

CASEY: Nein, da mache ich ihnen keinen Vorwurf für.

16. VIRGINIA: Das ist vielleicht ein Bereich für... es gibt da Möglichkeiten... vielleicht sind sie nützlich für Sie.

Könnt ihr vielleicht mal ein bißchen näherkommen? Ihr seid da so am Rand verteilt. Wie ist es mit dir, kannst du deinen Stuhl hierhin rücken?

Gibt es etwas, was du machen willst, jetzt, wo du hier bist, Coby? Vielleicht was, was du für dich willst — was wir zusammen machen könnten — einen Grund dafür, daß du bei euch manches anders haben willst oder so etwas?

COBY: Ja, Frau Satir.

Casey, Vater

16. *Virginia:* Das ist ein weiteres Beispiel dafür, wie ich zur Kenntnis nehme, was vorgeht, und auch zeige, daß es wohl nicht immer gut ist. Die Aussage: „Es gibt da Möglichkeiten" stellt es in einen hoffnungsvollen Kontext.
Kommentar: Bis jetzt hat Virginia Satir in dem Interview damit begonnen, Kontakt mit einigen Familienmitgliedern aufzunehmen, einzelne zu individualisieren, eine entspannte Atmosphäre aufzubauen (Humor) und darauf abgezielt, daß sich jeder einzelne sicher und vertrauensvoll fühlen kann. Sie hört jedem sorgfältig zu und trägt damit zur Entwicklung positiven Selbstwerts bei. Sie konzentriert sich auf die Kinder, weil sie den Kontakt zu den Eltern bereits am Tag zuvor hergestellt hat, den Kindern aber noch nicht begegnet war.

Bis jetzt hat sie wertvolle Informationen über die Familie gesammelt. Sie hat erkannt, daß sie alle sehr offen sein können, und zwar aus der Freiheit, mit der die Kinder Ereignisse kommentieren, aus deren Reaktion auf Humor, aus der Qualität ihres Zuhörens und aus dem gezeigten Stolz der Eltern auf ihre Kinder. Es hat sich auch gezeigt, daß Coby ein scharfer Beobachter der Ereignisse in der Familie ist und daß die ganze Familie — mit Ausnahme von Casey, dem Vater — auf die Einmaligkeit der anderen Familienmitglieder eingestimmt ist.

Es hat sich sehr schnell eine hohe Vertrauensebene entwickelt, so daß Virginia Satir die nächste Stufe in dieser Sitzung beginnen kann. Die Informationen, die sie bisher gesammelt hat, geben ihr ein Gefühl für die Risiken, die sie mit dieser Familie eingehen kann, und für das Tempo, das sie einschlagen muß.

Das Gefühl, daß die Familienmitglieder ein hohes Maß an Sicherheit und Vertrauen verbindet, erlaubt es Virginia Satir, in ihrem Interview weiterzugehen und sich dem Grundanliegen zu widmen.

17. VIRGINIA: Was willst du sagen, Schatz?

COBY: Was man in unserem Haus ändern sollte.

VIRGINIA: Wie ihr lebt oder sowas?

COBY: Ach, wissen Sie, wir streiten uns so oft, und unsere Familie kommt nicht gut zusammen aus, und wenn wir dann alle im Wohnzimmer sitzen... mein Vater ruft Familienkonferenzen ein und alles. Aber wenn wir dann was falsch machen, dann wird mein Vater erst mal böse, und dann beruhigt er sich nach 'ner Zeit; und er schreit uns an und gibt uns wahrscheinlich 'ne Ohrfeige und schickt uns auf unser Zimmer oder so. Das ist nicht richtig. Er sollte nicht so jähzornig sein — erst mal drüber nachdenken, was er tut, bevor er uns anschreit und alles.

18. VIRGINIA: Laß mal sehen, ob ich dich richtig verstanden habe. Also daß dein Vater... die Art, wie er seine Gedanken rausbringt ... Er wird zu schnell ärgerlich, meinst du, oder sowas?

COBY: Ja, Frau Satir.

VIRGINIA: Eine Möglichkeit — und du sagst, wenn er damit anders umgehen könnte — ist es das, worauf du hoffst?

COBY: Also, ja. Aber wissen Sie, er verliert zu leicht die Beherrschung.

VIRGINIA: Ach so.

COBY: Wenn er sich beherrschen könnte und versuchen würde, mit uns zu reden, anstatt zu brüllen und zu schreien.

19. VIRGINIA: Ah ja. Also manchmal denkst du, dein Vater denkt, du hättest was angestellt, und du warst es nicht, und dann weißt du nicht, wie du es ihm sagen sollst, oder er hört nicht zu oder so? Meinst du das?

COBY: Ja.

17. *Virginia:* Es ist sehr deutlich, daß Coby für mich der Anführer im Beobachtungsstadium ist. Er weiß am meisten über die Vorgänge in der Familie. Er kann auch etwas eröffnen, und deshalb lasse ich mich oft von ihm leiten. Und ich habe bemerkt, daß seine Mutter und sein Vater das in Ordnung finden.
Kommentar: Bemerkenswert ist die positive Ausrichtung, die Virginia Satirs Arbeit hier wie auch sonst charakterisiert: „Was willst du" und „Welche Hoffnungen hast du" oder „Was soll als Ergebnis des Interviews geschehen" statt „Welches Problem siehst du" oder „Was ist dein Problem".

18. *Virginia:* Hier habe ich die große Liebe dieses Kindes zu seinem Vater gespürt. Und wenn ein Vater diese Art Liebe bei seinem Kind hervorrufen kann, dann muß unter seiner Abwehr des Gefühls, nicht zu zählen, viel Sanftheit liegen. Das steckt alles in diesem kleinen Wortwechsel.
Als ich Coby zuhörte, war mir auch klar, daß er es nicht riskieren würde, so zu reden, wenn es nicht einen ziemlichen Spielraum für die Freiheit zu Kommentaren gäbe. Er hat mir auch mitgeteilt, daß sein Vater nicht immer ärgerlich ist, und daß der Ärger auch eine scherzhafte Qualität hat. Das hat bei mir das Gefühl verstärkt, daß der Vater um seine Macht kämpft und sich oft nicht bewußt ist, was er tut. Er will das Oberhaupt der Familie sein, aber er ist es nicht und fühlt sich schwach.
Kommentar: Virginia Satirs Beobachtungen basieren nicht nur auf den verbalen Äußerungen, sondern auch auf der nonverbalen Kommunikation zwischen Vater und Sohn.

19. Diese Interaktion mit Coby ist ein gutes Beispiel für die Umdeutung einer Aussage, die den Vater anklagt, in eine Aussage, die den Prozeß akzeptabel macht. Das Wort „Beherrschung verlieren" wird zu „die Art, in der er seine Gedanken herausbringt". Umdeuten (Reframing)* ist eine Technik, die negative Gefühle zerstreut. Der Inhalt wird nicht bewertet, nur der Prozeß.

---

*) siehe: *Richard Bandler/John Grinder,* Reframing, Junfermann-Verlag, Paderborn 1986[2].

20. VIRGINIA: Gut. Jetzt sag mal, Coby, weißt du, wie es ist, wenn man wütend ist?

COBY: Ich weiß nicht.

21. VIRGINIA: Siehst du, ich überlege mir das gerade. Du bist der einzige Junge zwischen all den Mädchen. Du hast eins, zwei, drei, vier Schwestern.

MARGIE: Was passiert, wenn du die Beherrschung verlierst, Coby?

COBY: Ich verhaue sie.

BETTY: Er verhaut die Zwillinge.

22. VIRGINIA: Gut, gut. Was ich hier will: du redest darüber, wie dein Vater vielleicht anders mit seinem Jähzorn umgehen sollte, und ich denke, damit haben wir alle zu kämpfen. Ich überlege mir, ob du weißt, wie das ist, wenn man sehr wütend ist. Ich nehme an, das passiert manchmal mit deinen Schwestern — richtig? Mit welcher von deinen Schwestern geht's manchmal richtig Bäng (*ballt die Faust*)?

COBY: Bei meiner ältesten Schwester.

VIRGINIA: Redest du über Susie?

COBY: Susie und Lisa.

VIRGINIA: Die wissen also manchmal, wie sie dich auf die Palme bringen können? Weißt du, was das heißt? Gut. Möchtest du daran vielleicht was ändern? Du hättest gerne, daß dein Vater damit anders umgeht — wie wäre es dann mit dir?

20. Die Frage nach Cobys eigenem Ärger eröffnet für Virginia Satir die Möglichkeit, zu fragen, wie die anderen Familienmitglieder auf ihren eigenen Ärger reagieren. Das reduziert die Sündenbock-Rolle des Vaters, der bis jetzt als Bösewicht erscheint, weil darauf hingewiesen wird, daß auch Coby mit Gefühlen von Ärger umgehen muß. Virginia Satir überprüft immer wieder, wieweit andere Familienmitglieder das jeweilige Gefühl oder Problem kennen.

21. Virginia Satir benutzt bei Coby einen verschwörerischen Tonfall. Das vermittelt Coby, daß es ganz normal ist, wenn er sich zeitweise über seine Position als einziger Sohn in der Familie ärgert.

22. Virginia Satir sagt Coby sehr klar, was sie erreichen möchte, und betont wieder die Universalität des Ärgers.

23. COBY: Ob ich das bei mir selbst ändern wollte?

VIRGINIA: Genau. Gibt es was, was du ändern möchtest, oder möchtest du die Tatsache ändern, daß du manchmal diese Mädchen hier verhaust?

COBY: Ich wünschte, ich wär' älter.

24. VIRGINIA: Du wünschtest, du wärst älter. Da kann ich leider nicht viel dran ändern. (*Gelächter. Sie wendet sich zu Betty:*) Betty, was hast du gedacht, was passieren würde, als du heute hierhin kamst?

BETTY: Ich weiß nicht. Ich nehme an, wir reden.

VIRGINIA: Du willst reden? Gibt es etwas Bestimmtes, über das du gerne reden würdest?

BETTY: Ja. Wissen Sie, als Sie über Lucy und Lisa geredet haben — wie ich sie auseinanderhalten könnte — Lisa schreit und Lucy redet.

VIRGINIA: Lisa schreit und Lucy redet. Gibt es etwas — ich weiß das ja nicht — aber ist da was bei Lucys Schreien, was du ändern möchtest? Hast du das sagen wollen?

BETTY: Sie brüllt, als ob wir 15000 Meilen weg von ihr wären.

25. VIRGINIA: Ah ja, Lisa kann sich also der Brüll-Fraktion in der Familie anschließen. Bis jetzt habe ich drei Kandidaten dafür. Aber, Betty, gibt es bei dir noch was anderes, das du gerne ändern würdest?

BETTY: Ja.

VIRGINIA: Gut, was?

BETTY: Ja, so wie gestern abend, da mußte ich mir die Haare waschen und gestern nachmittag auch. Ich hatte alle Knoten aus-

23. Die Erkundung des Ärgers, die Virginia Satir in der obigen Intervention begonnen hat, muß in der Arbeit mit Familien immer an irgendeinem Punkt stattfinden. Normalerweise geschieht das in einem so frühen Stadium noch nicht, aber der Therapeut muß unbedingt lernen, wie Familienmitglieder mit Frustrationen und negativen Gefühlen umgehen. Ärger ist ein Gefühl, das alle Menschen kennen, aber sein Ausdruck, die Art, in der Menschen solche Gefühle bewältigen, macht häufig den Unterschied zwischen funktionalen und dysfunktionalen Familien aus.

24. Obwohl die Interaktion mit Coby auf der Inhaltsebene nicht abgeschlossen scheint, hat Virginia Satir die Transaktion auf der Prozeßebene beendet. Sie hat jetzt genug verbale und nonverbale Hinweise von Coby erhalten, um sich einem anderen Familienmitglied zuwenden zu können. Es ist nicht eindeutig zu sagen, warum sie sich jetzt gerade mit Betty beschäftigt, aber die Absicht ist es, zu jedem Familienmitglied eine bedeutungsvolle Verbindung herzustellen. Auf dem Videoband kann man sehen, daß Virginia Satir jetzt vollständig auf Betty konzentriert ist.

Betty *V. S.*

25. Wieder ein Beispiel für eine Umdeutung: Lisa hat keinen Grund, sich wegen Bettys Aussage über ihr Brüllen angegriffen zu fühlen. Der Inhalt von Virginia Satirs Reaktion wie auch ihr nichtwertender Tonfall haben die Anklage in eine Beobachtung umgewandelt.

gebürstet, und dann kam meine Schwester da an und zog mich an den Haaren, weil ich sie an den Hals gefaßt hatte, und sie zog mich an den Haaren, und ich hatte wieder massenweise Knoten drin.

26. VIRGINIA: Was war passiert, daß Susie ihre Hand in deine Haare gekriegt hatte? Was meinst du?

BETTY: Sie ist halt immer sehr geschickt, mit ihren Händen.

SUSIE (*lächelnd, aber mit irritierter Stimme*): Was glaubst du, wofür ich sie habe?

VIRGINIA: Moment mal. Ich will was herausfinden. Was glaubst du, warum Susies Hand auf deinen Haaren war?

BETTY: Weil ich zufällig mit ihr zusammengestoßen bin, da hat sie mich festgehalten und mich durch den ganzen Flur gezerrt.

27. VIRGINIA: Ah ja. Du läufst also so rum, und dann stößt du gegen Susie, und Susie macht rrrh (*Virginia langt mit der Hand in Richtung Betty*) — mit ihrer Hand in deinem Haar — so? Gut, und möchtest du, daß das anders wird?

BETTY: Ja.

VIRGINIA: Und wie möchtest du es anders haben?

BETTY: Wenn sie mich festhalten will oder so, dann kann sie mich am Arm festhalten, aber nicht am Haar.

VIRGINIA: Sagst du ihr das mal? Vielleicht weiß sie nicht, wo sie dich festhalten darf. Sagst du ihr das? Das ist nämlich wichtig, mußt du wissen.

BETTY (*sieht Susie an*): Nächstes Mal, Susie May, hältst du mich am Arm fest — am Arm, nicht an den Haaren.

SUSIE (*spöttisch*): An deine Haare komm' ich leichter dran.

26. *Virginia:* Ich versuche, von der Anklage weg zur Beobachtung zu kommen. „An den Haaren ziehen" ist Anklage. „Ihre Hand fuhr in dein Haar. Wie, glaubst du, ist das passiert?" macht das zu einer Beobachtung. Je mehr ich das tun kann, umso mehr kann ich dem, was ich das beobachtende Ich einer Person nenne, auf die Sprünge helfen, die Anklage reduzieren und das Vertrauen erweitern.
Kommentar: Häufiges Arbeiten mit Reframing steigert nicht nur den Selbstwert desjenigen, zu dessen Gunsten umgedeutet wird, es lehrt auch alle Familienmitglieder, wie sie ihre Fähigkeiten zur Anklage in Fähigkeiten zur Beobachtung umwandeln können.

27. *Virginia:* Hier verändere ich eine verurteilende Aussage zu einer Handlungsaussage, die zur Problemlösung führen kann.

VIRGINIA (*fest*): Wartet mal, ihr zwei. Kannst du das Betty abnehmen? Daß du sie am Arm festhalten sollst, wenn du sie festhältst, und nicht an den Haaren?

SUSIE: Na, ich hätte auch lieber, sie würde mich am Arm ziehen statt am Hals.

VIRGINIA: Gut. Laßt uns mal diese Teile nehmen. Diesen. Betty fragt dich jetzt, ob du einverstanden bist, daß du sie am Arm statt an den Haaren ziehst. Was sagst du dazu?

SUSIE: In Ordnung.

VIRGINIA: Jetzt sieht's so aus, daß du auch noch was mit Betty abzumachen hast.

SUSIE: O.k.

VIRGINIA: Sagst du ihr, was du vorschlägst?

SUSIE: Hm.

VIRGINIA: Fragst du sie?

SUSIE: Ich red' mit dir. Hör auf, mich am Hals zu packen.

VIRGINIA: Woran soll sie dich ziehen?

SUSIE (*lacht*): An nichts eigentlich. Wirklich, an nichts.

28. VIRGINIA: Na gut, Susie gibt dir was, woran du ziehen kannst
— ihren Arm. Da hat sie also ein Geschäft mit dir gemacht. Ich
komme so allmählich drauf, daß es in dieser Familie einige Kurz-
schlüsse gibt. Wißt ihr, was ein Kurzschluß ist? Na (*redet Casey*
29. *an:*), Sie wissen mehr über Sicherungen als ich, warum erklären
Sie Betty nicht mal, was ein Kurzschluß ist?

CASEY: Das heißt, daß man dich schnell in Rage bringen kann.

BETTY: Wen, mich? Ich werde nicht oft wütend. (*Die anderen lachen über Bettys Reaktion.*)

Susie

28. In dieser Interaktion demonstriert Virginia Satir Betty, Susie und dem Rest der Familie, wie man sagt, was man möchte, und wie man Verträge abschließt.

29. Das ist eine Möglichkeit, den Vater einbezogen zu halten und seine Bewußtheit zu verstärken, daß er nicht der einzige in der Familie ist, der ein Problem mit Ärger hat.

VIRGINIA: Na, ich rede über die ganze Familie. Da scheint ein Kurzschluß zu sein. (*Gerede in der Familiengruppe.*)

VIRGINIA: Jedenfalls möchte ich übers Geschäftemachen reden, weil wir ja ein halbes gemacht haben.

BETTY: Susie, du hast ein Geschäft gemacht. Du ziehst mich besser nicht mehr an den Haaren. Ich faß' dich nicht an, du faßt mich nicht an.

SUSIE: Wunderbar, so lange du mich nicht anfaßt.

30. VIRGINIA: Jetzt will ich aber sichergehen. Du hast da einen Gesichtsausdruck, der nicht — ich weiß nicht genau, was du jetzt gerade fühlst, Susie — ob du wirklich meinst, daß das ein ernsthafter Handel ist?

SUSIE: Nein, ich nehme das schon ernst, aber ich mag nicht, wie sie das sagt — als ob ich immer dran schuld wäre und sie nie was macht.

VIRGINIA: Das ist also so ein Gefühl von unfair — meinst du das?

SUSIE: Genau. Wissen Sie, manchmal gehe ich dazwischen, wenn mein Bruder und sie die Zwillinge verhauen, und sie wird manchmal wütend und läßt es an ihm aus. Oder sie und mein Bruder zanken sich, und meine Schwester kann meinen Bruder nicht verhauen, deshalb muß ich mich dann einmischen.

VIRGINIA: Laß uns mal überlegen. Eine Sache war also, daß du denkst, Betty nutzt manchmal Lisa und Lucy aus?

SUSIE: Richtig. Weil sie jünger sind als sie.

VIRGINIA: Und dann sagst du, daß ein bißchen davon wohl mit Coby zu tun hat, weil Betty Coby nicht verhauen kann? War es das, was du mir mitgeteilt hast, Susie?

SUSIE: Na, mein Bruder ist viel stärker als sie und kann viel besser kämpfen. Außerdem ist er ein kleines bißchen gemeiner. Des-

30. Virginia Satir reagiert auf Susies Gesichtsausdruck, um die Ernsthaftigkeit der Interaktion zwischen ihr und Betty zu verstärken und der Familie zu demonstrieren, wie wichtig es ist, die nonverbalen Hinweise in ihrer Kommunikation zu berücksichtigen.

V. S.

wegen kann er mit ihr fertig werden, aber sie wird mit ihm nicht fertig.

31. VIRGINIA: Du sagst mir also — und das könnte eine sehr wichtige Beobachtung sein —, daß du denkst, Betty kommt mit Coby nicht klar? Deshalb läßt sie es an Lucy und Lisa aus — warte mal (*zu Betty, die versucht, was zu sagen:*), ich will das nur verstehen. Jeder hat sein eigenes Bild.
(*Wendet sich wieder zu Susie:*) Also das ist dein Bild? Und wenn Betty die Sachen mit Coby klären könnte, würde das vielleicht nicht passieren. Ist das das Gefühl?

SUSIE: Genau. Coby macht dasselbe mit Lucy und Lisa. Er ist wütend auf mich und fährt sie an, weil sonst niemand in der Familie klein genug ist, daß er sie fertig machen könnte.

VIRGINIA: Ah ja. Ich nehme an, du denkst, Coby behandelt Lisa und Lucy schlecht — und Betty — und dann willst du dazwischengehen und ihm was tun.

SUSIE: Richtig.

VIRGINIA: Ah ja.

32. COBY: Alle in der Familie, so wie ich und Betty, hauen irgendwie auf die Zwillinge ein. Auch Vater macht Mutter und die Zwillinge fertig. Und Betty hat — Susie haut auch auf die Zwillinge drauf, und wir können nichts machen, weil sie uns verhauen könnte.

33. VIRGINIA: Ich verstehe, aber ich habe da gleich noch eine Frage. Hast du, Lisa, auch eine Möglichkeit, draufzuhauen, wenn du das in dieser Familie mal nötig hast?

BETTY: Oh ja — sie wehrt sich.

34. VIRGINIA (*sehr bestimmt zu Betty, sieht aber Lisa an*): Warte mal. Ich will das von ihr hören. Hast du die Möglichkeit? Bist du zufrieden mit den Möglichkeiten, die du dazu hast?

31. Dies ist ein gutes Beispiel für den Prozeß, in dem der Familientherapeut versucht, das Bild jedes einzelnen Familienmitglieds von seiner Wahrnehmung einer bestimmten Situation zu erhalten. Diese Information ist nicht nur wichtig für den Therapeuten, die Familie lernt auch, diesen Bildern mit Achtung und Aufmerksamkeit zu begegnen.

32. *Virginia:* Coby deckt die Hackordnung und die Tatsache auf, daß Vater das letzte Wort hat, weil er alle verhauen kann. Ich habe die Information stehen lassen und so getan, als hätte ich es nicht gehört, aber ich werde später darauf zurückkommen.

33. Virginia Satir beschäftigt sich weiter mit der Hackordnung. Sie hat jetzt die Gelegenheit, die Zwillinge einzubeziehen.

34. In der Familientherapie ist es sehr wichtig, jeden einzelnen möglichst für sich selbst sprechen zu lassen.

LISA: Ja. Manchmal, wenn er mich richtig fest hat, dann haue ich ihm eine direkt ins Gesicht und renne raus (*grinst*), und er
35. läuft mir nach und schmeißt mich auf die Erde und fängt dann wieder an zu hauen.

VIRGINIA: Ah ja, ich verstehe. Du knallst ihm zuerst eine, aber du endest vielleicht am Boden. Magst du das?

LISA: Ja, aber ich mag's nicht, daß er mich andauernd haut.

VIRGINIA: Gut, und wie ist das bei dir, Lucy?

LUCY: Ach, ich mag mich nicht gerne prügeln. Das macht überhaupt keinen Spaß. Das ist eher so, als ob man gegen einen Bären kämpft.

VIRGINIA: Als ob man gegen einen Bären kämpft, he?

LUCY: Ganz genau. Ich kann mich nicht so gut prügeln. Meine Mutter und mein Vater haben mir das nie beigebracht.

VIRGINIA: Dich zu prügeln?

LUCY (*sieht ihren Vater an und lacht*): Na, mein Vater schon. Er macht mit mir manchmal Ringkämpfe. Das macht er mit allen fünf. (*Mehrere Familienmitglieder lachen.*)

36. VIRGINIA: Gut. Ich will euch jetzt mal ein Bild zeigen, das ich gerade jetzt sehe. Ich will das nur mal hinkriegen, und dann helft ihr mir, es zu überprüfen und so. Und ich denke, es fängt an mit Coby — und das ist das Bild, das ich im Kopf habe von dem, was ich gelernt habe, und vielleicht paßt es gar nicht, aber es wäre ja möglich. (*Redet Coby an:*) Stehst du mal auf, Schatz? Prima. Warte mal. Das habe ich gehört, und ihr prüft das nach. (*Hält Cobys Hand und beginnt mit einer Skulptur:*) Streck mal deine Hand zu den beiden Typen aus (*zeigt auf die Zwillinge*). Zeig ein bißchen hin und her, nur ein bißchen. Wenn das passiert, willst du dazwischen gehen und was machen. Also steh mal auf, Susie. Ich glaub', was du jetzt willst, ist da rein zu hauen. Richtig?

35. *Virginia:* An diesem Punkt wurde allmählich sehr deutlich, daß diese Menschen keinen Berührungskontakt miteinander haben können. Wenn es Menschen nicht möglich ist, direkte intime Kontakte zueinander aufzunehmen, dann tun sie das über Kämpfe. Das zeigt auch eine Einschränkung der Eltern, die nicht offen Nähe zeigen können.
Kommentar: Körperliche Aggression ist oft ein Ersatz für körperliche Nähe, die häufig als Schwäche betrachtet wird. Achten Sie darauf, daß ein Großteil der Aggression in dieser Familie eine spielerische Qualität hat. Die Eltern spielen eine wichtige Rolle als Modell für den offenen Ausdruck von Zuneigung im Alltag.

36. *Virginia:* Ich bin im ersten Entwicklungsstadium dieser Sitzung und sehr damit beschäftigt, ein Bild des Status quo zu bekommen. Der erste Schritt dazu ist es, deutlich zu machen, was vorgeht, anstatt dem Inhalt gemäß zu handeln. Ich halte mich von allen Urteilen fern, indem ich mich wie ein Archivar verhalte und einfach feststelle: „Das ist es. Ist es das?"

Ich führe auch kleinere Verschiebungen in der Bewußtheit der Familienmitglieder ein, indem ich Verbindungen knüpfe wie „Es gibt drei Kandidaten fürs Brüllen" und darüber spreche, daß jeder sein eigenes Bild hat. In diesem Prozeß findet bereits eine Transformation statt, weil das, was die Familienmitglieder als negativ berichten, ihnen wertungsfrei zurückübersetzt wird und ihnen so ein Modell für eine andere Art des Zuhörens gibt.

37. SUSIE: Ja, manchmal.

VIRGINIA: Gut, dann machen wir das jetzt. (*Legt Susies Hand*
38. *auf Cobys Kopf:*) Leg deine Hand auf seinen Kopf und drück so'n bißchen drauf und (*drängt Coby, seinen Finger zwischen den Zwillingen hin und her zu bewegen*) du machst so weiter. (*Sieht Betty an:*) Hast du so was schon mal gesehen? Komm mal her.
39. Gut, Betty, wenn du so was siehst. (*Zu Susie*:) Guck ihn mal fies an. Du hast gerade so einen fiesen Blick. (*Zu Betty:*) Was willst du jetzt machen? Was passiert?

BETTY: Wenn ich wütend werde, verhaue ich Coby, aber Susie faß ich nicht an.

VIRGINIA: Laß mal sehen. Du bist — Linkshänder? Gut. Mach eine Faust. Das ist gut. (*Zu Coby:*) Du stehst also hier mit den beiden und (*zu Susie:*) du versuchst, ihn runterzudrücken und (*zu Betty*:) du hältst ihm die Faust hin, aber Susie willst du nicht anfassen. Gut.

(*Zu Lisa:*) Also, wenn das hier passiert, dann stehst du auf und tust deinen Finger hierhin. Mach einfach ein Bild draus — gut so. O.k., halt das runter. Wir machen das einfach so, als ob wir Bilder zeigen. Gut. Lisa, wohin geht sie (*zeigt auf Lucy*)?

Kommentar: Auf dem Videoband ist gut zu sehen, wie die Eltern die Interaktion zwischen Virginia und den Kindern ohne Scham und Schande beobachten. Anscheinend amüsieren sie sich über das Ganze. Das ist sehr charakteristisch für die Arbeit von Virginia Satir und erklärt wohl, warum sie vor einem großen Publikum so arbeiten kann, daß sich alle wohl fühlen. Sie schafft es, die meisten Situationen von negativen Elementen zu befreien und sie in einen positiven Prozeß zu verwandeln, mit dem sich alle identifizieren können.

37. *Virginia:* Jetzt habe ich die Informationen über die Hackordnung und die Streite zusammen, mit denen ich die Skulptur bilden kann.
    Kommentar: Die Begriffe „Bild" und „Skulptur" sind bei Virginia Satir austauschbar.
38. Virginia Satir kann ungeheuer gut ihre Interpretation des Gesehenen als Skulptur darstellen. Trotzdem überprüft sie sie immer wieder mit den Teilnehmern, um sicherzugehen, daß alle mit ihr übereinstimmen. Dieser Teil der Sitzung läßt sich aus dem Transkript allein nur schwer erschließen, weil viel auf der nonverbalen Ebene geschieht.
39. Nachdem sie sich versichert hat, daß die ursprüngliche Skulptur eine korrekte Wahrnehmung der Gefühle der Teilnehmer darstellt, zieht sie die Familienmitglieder zu aktiver Teilnahme heran.

LISA (*zeigt auf Lucy*): Wohin geht sie?

VIRGINIA: Ich weiß es nicht.

LISA: Oh ja. Ich soll auf sie draufhauen.

VIRGINIA: Du haust auf ihn drauf, und du haust auf sie drauf. (*Zu Lucy*:) Wenn das so ist, was passiert dann mit dir, Lucy?

LUCY: Ich werde verhauen.

40. VIRGINIA: Du wirst verhauen? O.k., komm mal hier rüber. Wir schieben diesen Stuhl ein bißchen zurück. Hockst du dich mal auf den Boden? Geh' runter, und versuch' den Kopf zu beugen. So. Gut. (*Zu Lisa, die ihren Fuß auf Lucys Schulter gestellt hat:*) Nicht anfassen, ich möchte nicht, daß du sie anfaßt. Mach' einfach diese Bewegungen. Gut. Und jetzt steh' ganz ruhig, als ob du eine Statue wärst. O.k., jetzt bleib' mal ein bißchen so, du versuchst ihn aufzuhalten, und du willst wieder an ihn drankommen und (*zu Lucy*:) du fühlst dich ganz verhauen. Laß mal sehen. (*Zu Margie:*) Haben Sie so ein Bild schon mal gesehen, Margie?

MARGIE: Ganz bestimmt. Ja.

41. VIRGINIA: Haben Sie das Bild schon mal gesehen, Casey? (*Casey nickt.*) Gut, dann bleibt mal noch ein bißchen so stehen. Als ob ihr Statuen wärt. Noch ein bißchen weiter runter. Margie, könnten Sie jetzt mal rüberkommen und das machen, was Sie zu Hause in der Situation tun? Was machen Sie dann?

Casey Coby V. S.

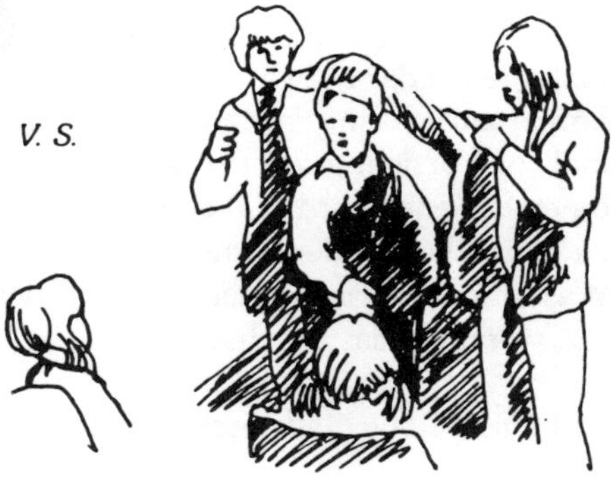

40. Jetzt sind alle Kinder an der Skulptur beteiligt. Trotz des Witzes im Geschehen gibt es eine neue Bewußtheit über die Art ihrer Interaktionen. Die Hackordnung, die sie implizit alle kennen, ist explizit geworden.

41. Nachdem sie sich vergewissert hat, daß die Skulptur die Wahrnehmungen und Gefühle der Familienmitglieder adäquat repräsentiert, wendet sich Virginia Satir der Mutter zu und fragt sie, wie sie eingreift, wenn sie eine solche Situation zu Hause sieht. Es ist interessant, daß in diesem Augenblick zwischen dem „Hier

MARGIE: Ich bin in der Mitte. Ich bring' sie auseinander und dann setze ich sie hin und rede mit ihnen.

COBY (*murmelt*): Vater macht 'ne ganze Menge mehr als das.

VIRGINIA: Gut.

MARGIE: Und ich sag' ihnen, wissen Sie...

BETTY: Er redet mit Schlägen.

VIRGINIA: Laß mal, ich komme bald zu eurem Vater. Nehmt mal alle wieder dieselbe Position ein. Macht ihr das mal? Coby, komm zurück und mach dieselbe Position, die du hattest. Bleibt mal so. Vorsichtig, du versuchst, ihn zu schubsen. Ich weiß, daß da eine Menge Lärm dabei ist (*zu Betty:*) Übrigens, wie sagst du zu jemandem in der Familie: „Ich mag das nicht, was du tust"? Was ist die „Botschaft der Faust"? Oder (*hebt die Faust*) was sagst du, wenn du das machst?

BETTY: „Coby, laß mich in Ruhe" oder...

42. VIRGINIA: „Laß mich in Ruhe" — heißt das „Mach das nicht"? Was immer das ist... und Sie kommen rein...

MARGIE: Und ich komm' rein und sag': „Warum beruhigt ihr euch nicht? Laßt uns darüber reden. Ihr habt die Beherrschung verloren. Jetzt wartet mal und denkt nach."

COBY: Wenn wir uns geprügelt haben, dann sagst du: „Das hätte ich doch in Ordnung gebracht. Ihr hättet damit zu mir kommen sollen."

VIRGINIA (*zu Margie*): Sie sagen: „Kommt und beruhigt euch", und dann versuchen Sie, sie zu ändern. Also das passiert, wenn Sie allein mit den Kindern sind. Gut. Wenn Sie sich jetzt mal setzen würden...

(*Zu Casey:*) Könnten Sie mir jetzt mal zeigen, was Sie tun, wenn sowas passiert?

CASEY (*faßt Coby an der Schulter*): Ich greif' mir den da.

und Jetzt" der therapeutischen Situation und dem Leben zu Hause kein Unterschied besteht: sie sind durch die Genauigkeit der durch die Skulptur hervorgerufenen Gefühle verschmolzen.

42. Auf subtile Art macht Virginia Satir den Familienmitgliedern bewußt, daß sie wählen können, auf welche Art sie „Ich mag nicht, was du tust" mitteilen.

VIRGINIA: Aha, Sie greifen sich den da. Und dann?

CASEY (*spöttisch*): Er ist der Anstifter. (*Alle lachen.*)

COBY: Er gibt mir die Schuld.

VIRGINIA: Ah ja, er gibt dir die Schuld. (*Zu Casey:*) Also, Sie greifen sich ihn...?

CASEY: Ich nehm' ihn mit ins Badezimmer und leg' ihn über die Kommode und verhau' ihm den Hintern.

43. VIRGINIA: Gut. Aber könnte es nicht sein, daß sowas nur passieren kann, wenn alle mitmachen?

CASEY: Gut, das gebe ich zu.

44. VIRGINIA: Gut, das könnte also sein (*nimmt Cobys Kopf in ihre Hände und sieht ihn genau an*), weil ich so ein komisches Gefühl habe, daß das manchmal ganz schön hart für dich ist.

Gut, jetzt will ich was anderes herausfinden. (*Sie bedeutet den Kindern, näher zu kommen.*) Macht's euch was aus, noch mal zurückzugehen? Also, in dieser Situation, wenn Sie beide da sind, Margie und Casey, was passiert dann? Wenn Sie beide bei den Kindern sind?

MARGIE: Dann übernimmt er. Wenn er zuerst den Mund aufmacht, dann ist es gelaufen.

43. *Virginia:* Ich denke, daß Coby von seinem Vater genauso zum Sündenbock gemacht wird, wie sich sein Vater von der Familie zum Sündenbock gemacht fühlt. Es gibt viele Möglichkeiten, damit umzugehen, aber ich wollte dem Vater nur den Gedanken nahebringen, daß er das auch toleranter betrachten könne.
Kommentar: Diese Interaktion war nur auf der Grundlage des Vertrauens möglich, das sich zwischen Virginia Satir und dem Vater entwickelt hat. Er kann das sagen, weil er weiß, daß es nicht gegen ihn verwendet wird. Weil er keine Abwehr braucht (Abwehr trägt zu Taubheit bei), kann er vielleicht hören, daß alle für die Situation verantwortlich sind, und sein Verhalten Coby gegenüber in Frage stellen.

44. *Virginia:* Ich hatte das Gefühl, direkt mit Coby verbunden sein zu müssen, also nahm ich sein Gesicht in die Hände und meine Stimme hat sich verändert. Ich mußte ihn wissen lassen, daß ich trotz all des Gelächters fühlen konnte, wie schwer das für ihn manchmal sein muß.
Kommentar: Virginia hat sich in das Macho-Modell, das Casey für Coby gibt, eingeschaltet. Es ist Casey wichtig, seinem Sohn die Botschaft zu geben, daß die Männer für das, was in der Familie passiert, verantwortlich sind.

45. VIRGINIA: Ah ja.

MARGIE: ... und ich halte den Mund.

VIRGINIA: Gut. Und was für ein Gefühl haben Sie dazu, daß Margie Ihnen das überläßt, Casey?

CASEY: Ach, so ist es eben immer.

46. VIRGINIA: Gut, aber wie fühlen Sie sich dabei?

CASEY: Es macht mich zum Bösewicht.

VIRGINIA: Ja, das ist spannend. Wir wollen uns mal wieder hinsetzen, und ich möchte noch was anderes wissen. Das war das, was passiert, aber ich nehme an, daß es nicht das ist, was ihr gerne hättet. Ich frage mich, was für ein Gefühl Sie, Margie, zu Caseys... zu seinem Gefühl haben, er sei der Bösewicht.

MARGIE: Ich glaub' das nicht. Wenn er wollte, würde ich die Kinder unter Kontrolle halten.

VIRGINIA: Nein, das ist nicht das, was ich Sie jetzt grade frage. Ich frage Sie, was für ein *Gefühl* Sie dazu haben, daß Casey sich als Bösewicht fühlt.

MARGIE: Ja, er fühlt sich so, ganz bestimmt.

47. VIRGINIA: Und ich wüßte gern, wie Sie sich dabei fühlen, daß er sich so fühlt, meine Liebe.

MARGIE: Es tut mir leid für Casey.

VIRGINIA: Gut. Und jetzt, in diesem Augenblick... (*Margie fängt an zu weinen.*) ... Bevor wir jetzt weitergehen, gibt es irgend etwas, was Sie jetzt ändern möchten? Was würden Sie gern tun?

MARGIE (*schluchzt*): Ich möchte mich besser mit ihm verständigen.

45. Nachdem sie festgestellt hat, wie jedes Elternteil mit einer solchen Situation umgeht, beschäftigt sich Virginia Satir jetzt mit der elterlichen (und ehelichen) Beziehung.

46. *Virginia:* Wir kommen jetzt in das Stadium des Chaos, in dem die Gefühle mehrerer Familienmitglieder in Aufruhr geraten. Bis jetzt habe ich gezeigt, was ist, und das deutlicher gemacht, aber jetzt beginnt ein Prozeß, der zu neuen Ufern führt. In diesem Prozeß betreten ich und die Familie Niemandsland, weil Gefühle zum Vorschein kommen, die bis hierhin unter Kontrolle waren.
Kommentar: Die Chaos-Phase beginnt, wenn der Therapeut in verdeckte Bereiche vorstößt. Der Anfang des Interviews war die notwendige Vorbereitung, in der Vertrauen und Unbefangenheit aufgebaut wurden, die den Vorstoß in die Abwehrbereiche erlauben.

47. Hier braucht es wieder große Zähigkeit, um die Antwort auf die Frage zu bekommen.

VIRGINIA: Mit Casey. Ist das jetzt unmöglich für Sie?

MARGIE: Ja.

VIRGINIA: O.k. (*Wendet sich Casey zu:*) Das möchte ich gerne herausfinden. Sind Sie sich dessen auch bewußt, Casey? Daß Sie fühlen...

48. CASEY: Ja.

VIRGINIA (*zu Casey und Margie*): Würden Sie Ihre Stühle ein bißchen näherrücken? (*Zu den Kindern, die auch näher kommen:*) Ich möchte, daß eure Eltern jetzt ein bißchen näher kommen. Das ist in Ordnung.

(*Wendet sich zu Margie:*) Könnten Sie jetzt, in diesem Moment, zu Casey sagen, was Sie, wie Sie möchten, daß das anders wird, Margie? (*Sie dreht ihren Kopf zu Casey, läßt aber eine Hand auf Margies Knie.*)

MARGIE: Casey, ich möchte, daß wir uns besser verstehen. Daß wir ein Verständnis für uns haben, zusammenarbeiten.

VIRGINIA: Wie fühlen Sie sich, wenn Sie das zu Casey sagen?

MARGIE: Sehr weich und emotional innen. Tief.

49. VIRGINIA (*wendet sich Casey zu*): Ich möchte jetzt bei Ihnen herausfinden, von Ihnen, was genau jetzt, in diesem Augenblick — die Vergangenheit ist ganz egal — was genau in diesem Moment das Leben für Sie schöner machen würde, wenn es passieren würde, das Leben in dieser Familie.

CASEY: Ein bißchen mehr Unterstützung.

VIRGINIA: Können Sie ein bißchen mehr dazu sagen, was das heißt? Ich glaube, ich weiß es, aber ich möchte, daß Sie es sagen.

CASEY: Sicher. Wenn ich mich hinsetze und mit Margie oder den Kindern rede... Gestern abend hab' ich alle fünf Kinder ausgeschimpft, weil sie nicht getan haben, was ich ihnen gesagt hab', als wir hier waren. Als wir gestern hier waren, haben sie sich ab-

48. *Virginia:* Jetzt habe ich etwas Konkretes, mit dem ich arbeiten kann, weil es in den Rahmen von „Was sie wollen, ist kommunizieren" gestellt worden ist. Ich muß darauf achten, wie sie immer wieder zu Rationalisierungen und Anklagen zurückkehren. Aber jetzt sind beide für den Schmerz und den Wunsch offen, mehr voneinander haben zu wollen. Danach ist Schluß mit den Kindern und ihren Problemen.

49. In dieser Aktion sind Virginia Satirs Blick und ihre Aufmerksamkeit völlig auf Casey fokussiert, aber sie hält gleichzeitig Kontakt mit Margie. Casey reagiert anscheinend nicht auf den emotionalen Ausbruch seiner Frau.

solut geweigert, zu tun, was wir ihnen gesagt haben, nachdem wir mit ihnen geredet haben. Das ist irgendwas, was... Ich möchte wissen, ob es nicht möglich ist, mit ihnen vernünftig zu reden. Aber vernünftig mit ihnen reden klappt einfach nicht.

50. VIRGINIA: Ich will das nochmal wiederholen, um zu sehen, ob ich das verstanden habe. Ein Teil der Unterstützung für Sie wäre also, wenn Ihre Kinder öfter das täten, was Sie ihnen sagen. Ist das ein Teil davon?

CASEY: Ja.

VIRGINIA: Könnten Sie noch von einem anderen Teil erzählen?

51. CASEY: Sicher. Wenn ich aus der Rolle des Bösewichts herauskommen könnte. Das ist schon soweit, daß ich fast immer, wenn die Kinder sich streiten, nach oben in mein Zimmer gehe und ein Buch lese. Weil ich mittlerweile fast nur noch die Möglichkeit habe, die Kinder mit dem Gürtel oder der Hand zu verhauen, und ich bin's satt, Kinder zu verhauen.

VIRGINIA: Ich möchte Ihnen was sagen.

MARGIE (*unterbricht*): Wie gehst du auf sie zu, Casey? In welcher Art? Mit welcher Stimme redest du mit ihnen?

52. VIRGINIA: Warten Sie mal einen Moment. Ich habe da ein Bild, das ich Ihnen erzählen will. (*Zu Casey:)* Ich hab' Sie sagen gehört, daß alles damit anfing, daß Sie Margie einen Gefallen tun wollten. Das heißt, Sie kommen nach Hause und Margie sagt, Sie sollen was tun, weil die Kinder unartig waren. Jedenfalls hab' ich Sie das sagen gehört. Habe ich da richtig gehört?

CASEY: Ja.

53. VIRGINIA: Jetzt bin ich neugierig. Was würden Sie machen, wenn Sie aufhören würden, Margie einen Gefallen zu tun und als Vater mit den Kindern so umgingen, wie Ihnen das gefällt?

50. Die Wiederholung hat zahlreiche Vorteile: sie sagt dem Sprecher, daß er gehört worden ist, gibt ihm ein Gefühl, daß es wichtig war, was er gesagt hat, und die Chance, zu korrigieren, wenn es mißverstanden wurde. Dem Therapeuten ermöglicht sie eine Überprüfung seiner Auffassung der Situation. Es ist hier interessant zu sehen, wie Virginia ein sehr genaues Feedback der Bedeutung gibt, aber gleichzeitig das anklagende Element herausnimmt.

51. *Virginia:* Das ist eine Reaktion auf das vorher von mir Gesagte, daß es nämlich andere Möglichkeiten gibt. Er versucht, mir zu sagen, wie verzweifelt er sich über seine Rolle in der Familie fühlt, und wie sehr er wünscht, die Kinder nicht zu schlagen. Was er nicht gesagt hat, ist, daß er das tut, um seine Frau zufriedenzustellen, und das gibt ihr Macht über ihn. Wenn er sagt: „An dem Punkt gehe ich in mein Zimmer" hört sie das so, daß er sich nicht beteiligen will, und nicht als einen Akt der Verzweiflung.

52. Wieder ein Beispiel, wo Virginia Satir Stärke zeigt. Es ist nicht ganz klar, ob sie Margie unterbricht, weil sie mit Casey weiterarbeiten will oder weil Margie wieder eine anklagende Haltung einnimmt.

53. Virginia Satir zeigt Casey, daß sie auf das Bild, das Margie, aber auch er selbst von sich als schlechtem Vater zeichnet, nicht hereinfällt. Sie zeigt Hoffnung auf, wenn sie Casey darauf aufmerk-

CASEY: Ich kann Ihnen was sagen. Ich hab' das gemacht. Ich hatte Coby und Betty ein paar Monate lang allein, und in diesen zwei oder drei Monaten mußte ich sie nur einmal verhauen, und das war einfach notwendig. Wir haben viel mehr geredet, und die Kinder waren... Ich konnte mit Coby und Betty reden, und sie haben zugehört und waren vernünftig. Tatsache, ich habe sogar 'ne ganze Menge über Coby gelernt. Ich hab' rausgefunden, daß er 'ne ganze Menge im Kopf hat.

54. VIRGINIA: Ich hab' das Gefühl, Sie geben ihm da eine Botschaft der Bewunderung.

CASEY: Ja. Das hab' ich ihm damals gesagt.

MARGIE: Aber jetzt machen sie das nicht mehr.

VIRGINIA: Lassen Sie mich mal sehen — sehen Sie, Sie haben damit eine lange Zeit gelebt, und ich muß die Teile ordnen, damit sie sich vielleicht anders verbinden. Konnten Sie das beobachten oder wußten Sie, daß es anders war, als Coby und Betty mit ihrem Vater allein waren?

MARGIE: Das haben sie erzählt. Er war z. B. um fünf oder sechs Uhr morgens wach und hat sie ins Bett geholt und mit ihnen geredet, aber jetzt macht er das nicht mehr. Er hat keine Zeit für sie. Entweder ist er müde — er will sie nirgendwohin mitnehmen. Ich weiß, daß er im Augenblick viel Druck in der Schule hat, aber er denkt nicht mal über sie nach — darüber, was sie fühlen.

55. VIRGINIA: Moment mal. Ich will sagen, wie das bei mir ankommt, was Sie da gerade gesagt haben. Sie sehen sich Casey als Vater an und sagen sich: „Es ist nicht genug, es paßt nicht immer."

MARGIE: Das ist richtig.

sam macht, daß er einfach nicht weiß, wie er es besser machen soll.

54. Casey hat anscheinend Schwierigkeiten, direkte Komplimente zu machen. Virginia deutet seine positive Aussage in eine direkte Botschaft um.

55. Virginia Satir spürt, daß Margies Klagen über Caseys Versagen als Vater endlos weitergehen können. Sie deutet deshalb die Anklage um, indem sie den Prozeß beschreibt, der in Margies Kopf abläuft, wenn sie sich auf Casey als Vater konzentriert.

56. VIRGINIA: Gut. Ich möchte Sie mal etwas fragen. Wie war das mit Ihnen und Ihrem Vater?

57. MARGIE: Wunderschön. Wunderschön.

VIRGINIA: Wunderschön. Wie war das mit Ihnen und Ihrer Mutter?

MARGIE: Schrecklich. (*Gelächter*)

VIRGINIA: Ihre Erfahrung war also, daß sich Ihr Vater anders zu Ihnen verhielt als Ihre Mutter?

MARGIE: Genau.

VIRGINIA: Und Ihr Vater hat sich anders zu Ihnen verhalten, als Sie Caseys Verhalten zu seinen Kindern sehen?

MARGIE: Genau.

58. VIRGINIA: Aha. Wie stehen die Chancen jetzt, Margie, daß Sie herausfinden, daß Sie *wirklich* herausfinden können, wie sich Casey als Vater mit seinen Kindern wohlfühlen würde... und daß Sie sehen, wie weit Sie das zulassen können?

MARGIE: Ich weiß nicht, wie weit. Kinder regen Casey auf.

VIRGINIA: Wir machen da noch weiter, aber ich muß wissen, ob Sie bereit sind, sich auf die Suche zu machen, um herauszufinden, wie Casey als Vater sein will. Vielleicht wissen Sie das nicht.

MARGIE: Ganz sicher. Ich bin ja schon länger drin. Deshalb bin ich ja hier.

56. Das Verhalten von Eltern ist stark bestimmt durch das Verhalten ihrer eigenen Eltern in der frühen Kindheit. Ohne die Anstrengung, diese frühen Elternbotschaften zu ersetzen, müssen wir zwangsläufig von ihnen beeinflußt bleiben, weil wir sie imitieren oder ablehnen. Frauen lernen von ihren Müttern, wie sie sich zu benehmen haben, wenn sie selbst Mütter werden, und von ihren Vätern, was sie von ihren Ehemännern als Väter zu erwarten haben.

57. Margies sehr positive Reaktion legt nahe, daß ihre Beziehung zu ihrem Vater zu sehr unrealistischen Vorstellungen davon geführt haben, wie Männer als Ehemänner und Väter sein sollten.

58. Virginia Satir versucht, Margie dazu zu bringen, auf Casey so zu fokussieren, wie er ist, anstatt mit den Erwartungen umzugehen, die sie auf der Basis der Erfahrung mit ihrem eigenen Vater an ihn stellt. Die Anklage wird in die Suche nach Information umgedeutet.

VIRGINIA: Gut, aber wirklich herausfinden — auch wenn es anders ist, als Sie denken, wenn Sie ihn hören können.

MARGIE: Ich werde seine Meinung und seine Gefühle respektieren.

VIRGINIA: Gut. Sie haben mir gesagt, daß Sie eine wunderschöne Erfahrung mit Ihrem Vater hatten und eine ganz schön schlimme mit Ihrer Mutter.

MARGIE: Richtig.

59. VIRGINIA: Jetzt will ich Ihnen erzählen, was mir das sagt, Margie... und vielleicht können wir die Lücken ausfüllen. Sie hatten kein Modell dafür, wie eine Frau Mutter sein kann.

MARGIE: Richtig.

VIRGINIA: Gut, und das sagt mir weiter, daß bei Ihnen ein paar Sachen fehlen, um sich als Frau gut fühlen zu können.

MARGIE: Das ist wahr.

VIRGINIA (*zu Casey*): Ihr Vater, wie war der als Vater für Sie?

CASEY: Wie ein Fels in einer sehr steinigen Gegend. (*Gelächter*)

VIRGINIA: Die Erfahrung, die Sie gemacht haben, war also für Sie auch nicht gerade ein Vorbild?

CASEY: Oh ja. Ich hab' immer versucht, den Anforderungen meines Vaters gerecht zu werden. Aber er hat höhere Anforderungen gestellt als die meisten Leute.

VIRGINIA: Was meinen Sie, was hat Ihr Vater gemacht, wenn Sie die Anforderungen nicht erfüllen konnten?

CASEY: Er hat darauf bestanden, daß ich für meine jüngere Schwester verantwortlich bin, und er hat darauf bestanden, daß ich mich wie ein Mann verhalte, obwohl er mich immer wie ein Kind behandelt hat.

59. Virginia Satir macht Margie deutlich, was sie anhand der negativen Bemerkungen über die Beziehung zu ihrer Mutter vermutet. Hier überschneiden sich Pädagogik und Therapie wieder einmal. Diese Erklärung kann Margie dabei helfen, sich weniger schuldig dafür zu fühlen, daß sie keine bessere Mutter ist.

60. VIRGINIA: Das waren also zwei Botschaften. Sei ein Mann, aber sei kein Mann.

CASEY: Ja. Was ihn wirklich begeistert hat, war, als ich mit zwölf anfing, Motorradrennen zu fahren, und er dachte, das sei Machismo. Er rannte durch die Stadt und stellte mich all seinen Kumpels vor, besonders, wenn ich ein Rennen gewonnen hatte. Wenn ich gestürzt war oder so, dann war ich der schlechte Kerl. Ich mußte mich um meine Schwester kümmern.

VIRGINIA: Das wäre so, als ob Coby für Lucy und Lisa sorgen müßte. So etwa? Sie waren nur zu zweit.

CASEY: Ja.

VIRGINIA: Und konnten Sie immer für sie sorgen?

CASEY: Nein.

VIRGINA: Was passierte, wenn das nicht geklappt hat?

CASEY: Na, dann gab's Ärger.

VIRGINIA: Da haben Sie sich als Ergebnis wohl oft unfair behandelt gefühlt.

CASEY: Das kam vor. Ich beklage mich nicht. Das kam vor.

VIRGINIA: Ich will darauf hinaus, Casey — Sie waren ja gestern schon da und haben sicher schon angefangen, das zu begreifen — daß wir aus unseren Erfahrungen lernen.

61. CASEY: Hmmmm. Hmmmm.

VIRGINIA: O.k.? Nicht weil sie schlecht sind, wir lernen einfach bestimmte Sachen. Gerade jetzt habe ich so ein Gefühl — und dieser Dialog läuft vielleicht bei Ihnen im Kopf ab — daß Sie hin- und hergerissen sind zwischen dem, was Sie Ihrem Gefühl nach tun sollten, und dem, was Sie tun können.

60. Es ist interessant, wie sehr Casey in dieser Beziehung seinem Vater ähnlich ist. Auch er stellt hohe Erwartungen an Coby und ist sehr stolz auf ihn, obwohl er das selten direkt ausdrückt. Gleichzeitig ist er extrem kritisch.

61. Hier geht Virginia Satir auf Caseys Abneigung ein, sich zu negativ über seinen Vater zu äußern. Sie wechselt auf die pädagogische Ebene, wenn sie aufzeigt, daß die vergangenen Erfahrungen die Quelle sind, aus der unser Wissen und Handeln stammt. Sie versucht, Casey zu helfen, zu akzeptieren, daß es ihm zeitweilig sehr schwer gefallen sein muß, seinen Vater zufriedenzustellen. Casey scheint sich bewußt zu sein, daß sein Vater ihn wohl nicht

CASEY: Ja.

VIRGINIA: Gut. Das streitet sich also manchmal. Wie war das mit Ihrer Mutter?

CASEY: Oh, das war in Ordnung.

VIRGINIA: Sie haben also das meiste von Ihrem Vater gelernt, von dem, was Sie gelernt haben.

CASEY: Sicher.

VIRGINIA: Und Sie (*wendet sich zu Margie:*) haben also das meiste von Ihrer Mutter gelernt.

Was gibt es bei Ihnen, Margie, jetzt, in diesem Augenblick, an Verletzbarkeiten, von denen Sie wissen und von denen Sie möchten, daß Ihre Familie sie respektiert, ganz besonders Casey?

MARGIE: Ein bißchen mehr Verständnis und Liebe und gegenseitige Hilfe. Das möchte ich gerne.

62. VIRGINIA: Schätzchen? (*Sie wendet ihre Aufmerksamkeit Lisa zu, die zu ihrer Mutter gegangen ist und jetzt nahe bei ihr kauert:*) Lisa...?

MARGIE: Was möchtest du sagen?

LISA: Ich möcht' gern sagen: „Weine nicht mehr."

63. VIRGINIA (*hockt sich neben Lisa*): Gut. Es ist mir aufgefallen, daß du hier rüber gekommen bist, als deine Mutter weinte, und ich möchte gerne wissen, was du gedacht hast, was los ist, als deine Mutter weinte.

LISA: Alles war so traurig und so.

VIRGINIA: Alles war so traurig. Hast du das gefühlt? (*Sie legt ihre Hand an Lisas Wange.*) Hast du das schon vorher mal geabsichtlich unfair behandelt hat, und meint, deshalb kein Recht auf die Gefühle zu haben, die er damals fühlte.

62. Es ist manchmal nötig, eine wichtige Interaktion zu unterbrechen, um sich um ein aufkommendes Bedürfnis zu kümmern. Meistens kann man danach zu der ursprünglichen Interaktion zurückgehen, und nichts geht verloren. Die Kunst und das Geschick des Familientherapeuten liegt in der schnellen Entscheidung für den jeweiligen Fokus. Hier hat Virginia Satir gespürt, daß es wichtig war, sich um Lisas nonverbale Kommunikation zu kümmern.

63. Virginia Satir achtet bei der Interaktion mit Kindern immer darauf, auf gleiche Augenhöhe mit ihnen zu gehen.

fühlt, in deiner Familie, daß sich die Leute manchmal traurig fühlten? (*Lisa nickt.*) Gut.

LISA: Und unerwünscht.

VIRGINIA: Und das hast du dir nicht gewünscht?

LISA: Und unerwünscht.

64. VIRGINIA: Und unerwünscht? Kannst du mir mal sagen, was das unerwünschte Gefühl ist?

LISA: So, wenn sich niemand um sie kümmert und so.

VIRGINIA: Sprichst du jetzt von deinem Vater?

65. LISA: Ich spreche über alle.

VIRGINIA: Über alle. Du kannst manchmal fühlen, daß es ein Gefühl gibt, daß sich jemand unerwünscht fühlt. Ist es das? (*Sie hält Lisas Unterarm.*) Daß Vater manchmal das Gefühl hat, „niemand kümmert sich um mich", und Mutter fühlt sich auch manchmal so, und Susie und Betty und Lisa und Lucy und Coby auch?

LISA: Hm.

VIRGINIA: Und wenn du das Gefühl hast, daß das passiert, was geschieht dann mit dir, Schatz?

LISA: Ich geh' einfach nach oben in mein Zimmer und leg' mich hin und manchmal schlaf' ich ein — ganz lange. Oder manchmal renn' ich auch nach draußen.

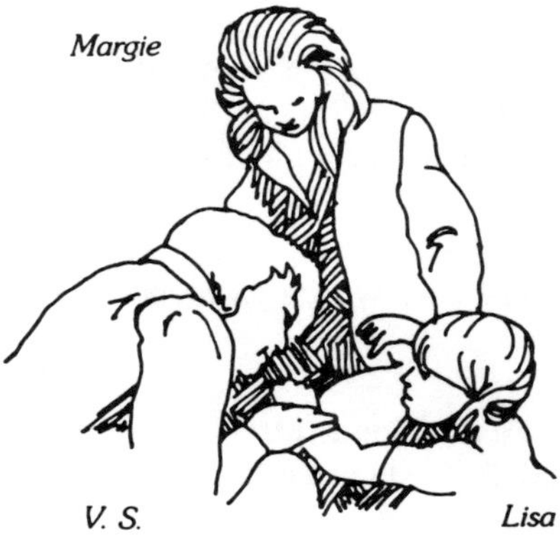

64. *Virginia:* Wenn Lisa hier sagt, daß sie sich traurig und unerwünscht fühlt, zeigt sie die gegenwärtigen, aber nicht manifesten Schmerzen der Eltern auf. In dieser Familie wie in so vielen anderen gibt es Regeln, die ein Gespräch über eigenes Leid nicht zulassen.

65. *Virginia:* Für mich ist dieser Teil ein Mikrokosmos aller Familienbeziehungen. Die Mitglieder dieser Familie versuchen, ihre Gefühle von Unerwünschtsein und die Handlungen, die aus diesen Gefühlen resultieren, zu verbergen. Casey hat bereits Andeutungen gemacht, daß er in der Familie erwünscht sein möchte, als er sagte: „Ich will nicht der Bösewicht in der Familie sein."
Kommentar: Wenn Virginia Satir mit den Gefühlen eines Teilnehmers konfrontiert ist, prüft sie häufig bei anderen Familienmitgliedern, ob sie diese Gefühle kennen. Wenn sie sich bewußt werden, daß sie ähnliche Gefühle haben, können Familienmitglieder, die ihre Verletzungen und Verletzbarkeiten voreinander verborgen haben, eine Bindung entwickeln, die zu mehr Nähe führt.

VIRGINIA: Ich will dir jetzt mal einen Vorschlag machen, und vielleicht hilft das ja. Ich werde mal rausfinden, ob alle in der Familie wissen, wie man sich fühlt, wenn man unerwünscht ist, aber ich frage mich, was passieren würde, wenn du dich so fühlst und sagen würdest: „Wißt ihr, jetzt gerade hab ich das Gefühl, niemand liebt mich." Was glaubst du, was passiert, wenn du das in Worte faßt?

LISA: Meine Mutter würde wahrscheinlich sagen, daß sie mich doch liebhat.

VIRGINIA: Also deine Mutter würde vielleicht zu dir kommen und sagen, daß sie dich liebhat? Und würde das helfen?

66. LISA (*nickt*): Das würd' mich einfach wieder froh machen.

VIRGINIA: Das würde dich wieder froh machen. Gut. Du sitzt jetzt da, aber könntest du vielleicht sagen, einfach zur Übung, so daß dich jeder hören kann und du dich hören kannst: „Grad jetzt hab' ich das Gefühl, niemand hat mich lieb." Würdest du das mal sagen?

67. LISA: Grad jetzt hab' ich das Gefühl, niemand hat mich lieb.

68. VIRGINIA: Gut. Jetzt möchte ich was herausfinden. Weil es einen... (*Sieht Lucy an und zeigt auf das fehlende Namensschild:*) Hört Lucy dich auch? Hast du auch manchmal das Gefühl, niemand hat dich lieb? Hast du das Gefühl manchmal in der Familie?

LUCY: Weiß ich nicht.

VIRGINIA: Hast du dich jemals so gefühlt? (*Nach einer langen Pause grinst Lucy verlegen und nickt bestätigend.*) Ich weiß es nicht, ich frage mich nur. Manchmal? Wie ist das bei dir, Coby, kennst du das Gefühl, fühlst du das manchmal? Daß „mich niemand liebhat"? Nicht die ganze Zeit, aber manchmal?

66. Dies ist eine implizite Botschaft für die ganze Familie, daß das Aussprechen negativer Gefühle zu ihrer Bewältigung beiträgt. Achten Sie darauf, daß Lisa die Antwort bereits kennt und Virginia Satir ihr nur hilft, sie zu formulieren.

67. Lisas Aussage: „Grad jetzt hab' ich das Gefühl, niemand hat mich lieb" verstärkt das Lernen und befähigt Lisa, eine Aussage zu üben, die ihr ohne Unterstützung Schwierigkeiten machen würde. Es ist sehr wertvoll, eine neuerworbene Fähigkeit durch Übung in der Sitzung zu verstärken.

68. Auch mitten in der intensivsten Interaktion geht Virginia Satir ohne Zögern auf eine lockere Ebene. Sie scherzt nonverbal mit Lucy, die ihr Namensschild abgemacht hat.

COBY: Ja, Frau Satir, ich kenn's.

VIRGINIA: Hast du das gefühlt, Betty? Und hast du das auch gefühlt, Susie? Und wie ist das mit Ihnen, Casey?

CASEY: Sicher.

VIRGINIA: Und Sie, Margie? (*Sie nickt. Virginia fragt die Familie:*) Was würde passieren, wenn ihr das in Worte faßt, wenn ihr das Gefühl habt, so wie Lisa gerade? Was glauben Sie, Casey, was passiert, wenn Sie das aussprechen? „Gerade jetzt hab' ich das Gefühl, niemand hat mich lieb?"

CASEY: Hab' ich. Ich hab' das früher schon ausgesprochen.

VIRGINIA: In diesen Worten?

CASEY: Na, die kümmern sich einen Dreck um mich.

69. VIRGINIA: Oh, das ist eine ganz andere Sache. (*Steht auf und zeigt mit dem Finger auf Casey:*) Weil Sie wissen, was das heißt — „Ihr solltet euch aber um mich kümmern" — und das sagt nicht: „Ich fühle mich jetzt ungeliebt." (*Sie setzt sich, hält aber immer noch Blickkontakt mit Casey.*)

Ich möchte gerne etwas sagen, und Coby, ich möchte ganz besonders, daß du das hörst (*blickt zu Boden und dann auf Casey*), und ich riskiere jetzt gerade eine ganze Menge. (*Sie konzentriert sich still.*) Ich habe das Gefühl, und ich hab' das schon seit zehn
70. Minuten, daß ich Sie in den Arm nehmen möchte. Nicht, weil Sie

69. Das ist ein gutes Beispiel für den Unterschied zwischen einer Ich-Aussage, die dem Anderen meine Gefühle vermittelt und sehr klar macht, daß es „mein Gefühl" ist und daß „ich dafür verantwortlich bin", im Unterschied zu einer anklagenden Aussage, die dem anderen die Verantwortung dafür zuschiebt, daß ich mich schlecht fühle. Hier vermischen sich wieder Pädagogik und Therapie, weil Casey ganz sicher den Unterschied nicht kennt und ernsthaft glaubt, ein Gefühl auszudrücken, wenn er sagt: „Die kümmern sich einen Dreck um mich."

70. Virginia bezieht sich hier auf ein zweifaches Risiko. Auf der persönlichen Ebene bezieht sie sich auf ein Gefühl, das nicht auf der erwachsenen Realität basiert und häufig irrational ist, aber dieselben Gefühle in uns aktiviert, die wir als Säuglinge hatten, als Liebesentzug gleichbedeutend mit Tod war und unsere extreme Abhängigkeit völlige Verletzbarkeit bedeutete. Diese Gefühle können beim reifsten Menschen auftauchen. Der reife Mensch überwindet das Gefühl, weil er weiß, daß es der Realität nicht mehr angemessen ist, während eine weniger reife Persönlichkeit davon überschwemmt wird. Es ist eine der Aufgaben des Therapeuten in der Chaos-Phase, den Teilnehmern bei solchen Risiken zu helfen. Konkret macht sich Virginia Satir in dieser Situation mit Ca-

ein Baby wären, sondern weil ich denke, daß Sie sich innerlich so sehr danach sehnen, etwas zu haben. (*Sieht Margie an:*) Und ich möchte Sie auf der anderen Seite. Und ich denke, für mich — mit Ihnen —, daß ich Ihr Inneres erreichen möchte, weil Sie so hart gekämpft haben, und fühle, daß Sie nicht bekommen haben, was Sie erreichen wollten, und ich fühle das hier ganz stark.

71. VIRGINIA (*sieht Casey an*): Wie fühlen Sie sich, wenn ich das sage, Casey?

CASEY: Es tut mir gut, jemanden sowas sagen zu hören.

72. VIRGINIA (*zu der ganzen Familie*): Und ich hab' so eine Ahnung, wenn Leute nicht wissen, wie sie sagen sollen, was sie wollen, und nicht wissen, was sie machen sollen, um das zu kriegen, daß dann Streiten der einfachste Weg ist. Ich glaube, wenn wir nicht wissen, wie wir tun können, was wir wirklich wollen, aber wissen, wie man sich streitet, dann hilft uns das ein bißchen, aber
73. die Schmerzen dabei sind groß. (*Sieht zu Lisa herunter:*) Ich möchte was von dir wissen, Lisa. Ist das in Ordnung für dich, wenn sich deine Mutter traurig fühlt und weint, ist das in Ordnung? Wenn du sagen kannst, was du fühlst, wenn das passiert? Machst du das? (*Lisa nickt.*) Gut. Kannst du vielleicht ein bißchen rüberrutschen, so daß du nicht mehr zwischen deinen Eltern sitzt? Wir müssen da nämlich noch ein paar Sachen klären.

(*Sieht Margie an:*) Ich frage mich, was Sie gefühlt haben, als ich zu Casey sagte: „Ich möchte Sie in den Arm nehmen."

sey verletzbar, weil sie einer möglichen Ablehnung ungeschützt begegnet. Auf der therapeutischen Ebene besteht das Risiko darin, die Vertrauensebene zu überschätzen. Casey ist vielleicht für eine solche Demonstration von Gefühlen noch nicht bereit und könnte sich deshalb verschließen.

Es muß allerdings auch gesehen werden, daß sich Virginia Satir hier nicht aufs Eis begeben hat, ohne ausprobiert zu haben, ob es auch trägt. Trotzdem blieb die Möglichkeit, daß Casey so viel Wärme noch nicht annehmen konnte, besonders nicht in Anwesenheit der Familie und des Publikums.

71. Nach diesem, ihrer Meinung nach riskanten Schritt prüft Virginia Satir die Wirkung ihrer Erklärung. Das ist sehr wichtig, denn wenn sie irgendetwas Negatives spüren würde, wäre es von extremer Bedeutung, damit gleich umzugehen, um das bisher aufgebaute Vertrauen nicht zu zerstören.

Sie geht hier wieder das Risiko einer Zurückweisung ein. Nur ein sicherer und kongruenter Therapeut kann sich wissentlich in eine verletzbare Position begeben. Dies dient auch den Familienmitgliedern als Modell für die Bedeutung, die das Überprüfen der Wirkung ihrer Aussagen hat, auch wenn es sie in eine verletzbare Position bringt. Es ist eine Bedingung für wirkliche Nähe, das Risiko von Verletzung und der Erfahrung von Schmerz einzugehen.

72. Durch die allgemeine Aussage über die Bedeutung von Streit nimmt sie ihm sein Stigma und die Anklage, die diese Familie ihm zuschreibt.

73. Virginia Satir nimmt erneut Kontakt zu Lisa auf. Bei der Arbeit mit einer Familie versucht sie, so viele Familienmitglieder wie möglich in Kontakt zu dem behandelten Thema zu bekommen. Lisa hat dieses Thema aufgebracht, und Virginia Satir zielt nun darauf ab, es mit ihr abzuschließen. Damit bestätigt sie ihr ihre Bedeutung in der vorangegangenen Interaktion. Sie weist die Familie darauf hin, sich von Gefühlen nicht durcheinander bringen und sie geschehen zu lassen; sich dabei aber gleichzeitig die Erlaubnis zum Kommentar zu geben.

74. MARGIE: Sehr warm.

VIRGINIA: Und wie haben Sie sich gefühlt, als ich das zu Ihnen sagte?

MARGIE: Warm und weich und zärtlich.

VIRGINIA: Sehen Sie, all diese Teile sind da, wenn Sie alle nur wüßten, wie Sie sie im Umgang miteinander benutzen können. Sie haben angefangen zu sagen, daß Sie von Casey eine bessere Kommunikation wünschen, und ich habe ihn sagen gehört, daß er von Ihnen aus der „Bösewichts-Ecke" herausgeholt werden möchte.

MARGIE: In der war er auch. Ich mußte alles tun, mich um alles kümmern. Er hält sich einfach raus.

75. VIRGINIA: Das ist nicht dasselbe, das ist nicht dasselbe. „Bösewicht" ist ein Gefühl, als ob alle Leute mit dem Finger auf einen zeigen. Lassen Sie mich mal ein Bild beschreiben, wie Casey sich dabei fühlen könnte, in Ordnung? Steht mal alle auf und zeigt mit dem Finger auf euren Vater. Nein, steht auf und macht das. (*Alle stehen und zeigen mit dem Finger auf Casey.*) Wenn er sich innerlich so fühlt, dann hat er wahrscheinlich das Gefühl, alle denken: „Ich bin ein Bösewicht." Fühlen Sie das?

CASEY: Ja.

76. VIRGINIA: Jetzt sehen Sie sich mal eine Weile die Finger an, Casey. Zeigt alle mit dem Finger auf euren Vater. Ein bißchen deutlicher, Coby. Sehen Sie sich die Finger an. Könnten Sie mal irgendeinem von den Leuten sagen, wie Sie sich bei all diesen ausgestreckten Fingern fühlen, Casey?

CASEY: Ja. Ich mag das nicht.

74. Es war sehr wichtig, auch bei Margie zu überprüfen, wie sie sich bei Virginia Satirs intimer Aussage zu Casey gefühlt hat. Margie hätte das Gefühl bekommen können, Virginia Satir würde sich mit Casey gegen sie verbünden. Oder sie hätte eifersüchtig sein können, daß Virginia Satir Casey eine Zärtlichkeit zeigen kann, die ihr selbst nicht mehr möglich ist. Wenn negative Gefühle in Margies Antwort deutlich geworden wären, hätte Virginia Satir wahrscheinlich sofort mit ihnen gearbeitet.

75. Hier insistiert Virginia Satir darauf, daß alle aufstehen, um die Botschaft der Anklage durch eine Veränderung der Augenhöhe stärker zu machen.

76. *Virginia:* Bis jetzt habe ich die Bedeutung des Ärgers umgeformt. Ich habe die Sündenbockrollen aufgelöst. Ich fange an, die Möglichkeiten einzubringen, daß es Nähe geben kann und daß auch Ärger seinen Platz hat. Wenn ein Glaube an neue Möglichkeiten den Familienmitgliedern zu Bewußtsein kommt, dann können sie in Bereiche vorstoßen, die ihnen bis jetzt bedrohlich erschienen. Hier, als alle Finger auf Casey gerichtet waren, hat er keine Abwehr gezeigt.

77. VIRGINIA: Das mögen Sie nicht. Könnten Sie sagen, was Sie mögen?

CASEY: Ich hätte viel lieber — ich hab' das Gefühl, es wäre besser, anstatt daß alle so auf mich zielen, es wäre besser, wenn ihr einfach herkommen und mich schnappen würdet und sagen: „O.k., Papa, laß uns mal reden." (*Zu Coby:*) So wie du das manchmal machst.

BETTY: Er schnappt dich nicht. Er schnappt die Haare auf deiner Brust.

CASEY: Jedenfalls, so fühle ich mich. Ich denke oft, ihr rastet aus, wenn's nicht nötig ist. Ihr alle, ich auch.

VIRGINIA: Ich hab' das Gefühl, da ist noch was anderes da, und wenn ihr mit dem Finger zeigt — das sind Sie, Casey — „Wenn ihr auf mich mit dem Finger zeigt, dann krieg' ich innerlich alle Sorten schlechte Gefühle." Ist das nicht so?

CASEY: Es macht mich ärgerlich.

78. VIRGINIA: Sind Sie sich bewußt, daß man sich erst schlecht fühlt und dann der Ärger kommt?

CASEY: Das hat man mir schon bewußt gemacht. Das ist mein Abwehrmechanismus...

VIRGINIA: O.k.

CASEY: ... für schlechte Gefühle, der Ärger.

VIRGINIA: In Ordnung. (*Zu Lisa, die sich an ihrer Mutter festhält:*) Es ist jetzt in Ordnung für dich, wenn du deine Mutter näher zu deinem Vater kommen läßt. Wie haben Sie sich übrigens gefühlt, Margie, als Lisa zu Ihnen kam, als Sie weinten?

MARGIE: Gut.

77. Hier zeigt Virginia Satir — wie bereits früher in dem Interview in der Interaktion mit Betty und Susie (27. und 28.) — Casey und den anderen, wie man sagt, was man haben will.

78. *Virginia:* Für mich ist Ärger eine Reaktion auf Verletzung. Und wenn jemand an seine Wunde nicht herankommt, kann er sie auch nicht verbinden. In dieser Familie ist alle Abwehr in Ärger übersetzt worden, und das Ergebnis ist, daß niemand über seine wirklichen Gefühle spricht. Nach meiner Erfahrung geht die Verletzung immer dem Ärger voraus, und der Ärger ist die meistbenutzte Möglichkeit, die Selbstachtung zu bewahren. Es ist schwerer zu sagen „Ich bin verletzt" als „Ich ärgere mich".

Margie

79. VIRGINIA: Würden Sie ihr das sagen?

MARGIE (*sieht Lisa an*): Ich hab' mich gut gefühlt. Geborgen.

80. VIRGINIA: Jetzt gerade sind Sie so weit weg von Casey. (*Virginia breitet die Hände aus. Sie sitzt zwischen ihnen.*) Und Casey, Sie sind so weit weg von Margie. Wie fühlen Sie sich bei diesem Abstand in Ihrem gegenseitigen Verhältnis?

MARGIE: Nicht gut.

VIRGINIA: In Ordnung.

MARGIE (*zeigt auf Casey, lacht*): Ich möchte da drüben sein.

VIRGINIA: O.k. In Ordnung. Jetzt spüren Sie mal, daß Sie nicht gerne da sind, wo Sie gerade jetzt sind. Sie möchten woanders sein. Gut. Wenn Sie sich hineinversetzen, wo Sie gerne wären, wo würden Sie sich hinsetzen?

MARGIE (*ohne sich zu bewegen*): Direkt neben ihn.

VIRGINIA: Wo neben ihn?

MARGIE (*bewegt sich immer noch nicht*): An seine linke Seite.

81. VIRGINIA: Sie möchten gerne neben ihm sitzen? Gut. Also lerne ich von Ihnen, daß Sie engeren Kontakt mit Casey haben möch-

79. *Virginia:* Es war sehr wichtig, daß Margie ihr Gefühl sehr explizit ausdrückt, weil das erstens Lisas Selbstachtung hebt und zweitens den anderen als Modell dafür dient, wie man über das spricht, was man wirklich fühlt. Zu diesem Zeitpunkt kann Margie das zu ihrer Tochter leichter sagen als zu ihrem Mann.

80. *Virginia:* Jetzt, wo das Tabu, negative Gefühle zu kommentieren, gebrochen ist, kann ich daran gehen, Nähe zu entwickeln. Intimität läßt sich nicht mit Ärger herstellen, sondern nur über eine Verbindung zwischen Menschen, die entsteht, wenn man die Verletzungen nach außen trägt. Ärger stößt zurück und Verletzung schafft Verbindung. Und alle hier sind schrecklich verletzt.

81. *Virginia:* Ich war mir sicher, daß ich eine positive Reaktion von Margie auf meine Aussage hin bekommen würde, weil ich mich auf viele Hinweise verlassen konnte. Die Frage war nicht, ob sie näher zu Casey kommen wollte, sondern was sie davon abhielt, diesem Wunsch Folge zu leisten. Sie hat ja auch gesagt, daß sie näher bei Casey sein wollte, aber sie hat sich nicht bewegt. Obwohl ich dachte, daß es sehr wichtig für sie sei, ihm näher zu kommen, wollte ich nicht zu schnell vorgehen, um keine wichtigen Schritte auszulassen.

ten. Stimmt das? (*Margie nickt*). Wenn Sie das erreichen wollen, zumindest hier, könnten Sie zu ihm hingehen, damit Sie sein Knie oder seine Hand berühren können.

MARGIE: In Ordnung.

82. VIRGINIA: Gut. Was hält Sie jetzt, in diesem Augenblick, davon ab, Ihren Wunsch umzusetzen?

MARGIE: Sturheit.

VIRGINIA: Wessen Sturheit?

83. MARGIE: Meine... (*Pause*) und abgelehnt sein. (*Casey schüttelt den Kopf, lacht verlegen. Er sieht aus, als dächte er: „Jetzt geht das schon wieder los."*)

82. *Virginia:* An der Antwort „Sturheit" war die Erkenntnis wichtig, daß Margie sich in ihren Wünschen blockiert und nicht alles Caseys Schuld ist.
Kommentar: Obwohl Virginia Satir nichts dagegen hat, aus einer wichtigen Interaktion heraus mit einer neu auftauchenden Situation zu arbeiten (s. Komm. 49), entscheidet sie sich hier für die Hauptrichtung und läßt sich nicht davon ablenken. Es geht ihr nicht so sehr um den Inhalt der Reaktion, sondern um den Prozeß, in dem Margie die Verantwortung für ihr Verhalten übernimmt.

83. Vielleicht deutet Margies Zögern, bevor sie sagt: „und abgelehnt sein" darauf hin, daß sie nach der glatten und klischeehaften Reaktion „Sturheit" jetzt bereit ist, in Abwehrbereiche vorzudringen.

84. VIRGINIA: Gut, warten Sie mal ein bißchen. (*Casey schüttelt den Kopf, lacht mit einem ungläubigen Ausdruck.*) Ich mache das jetzt (*Virginia rückt ihren Stuhl vor Margie, so daß Margie Casey nicht mehr sehen kann. Gleichzeitig legt sie ihre Hand nach hinten auf Caseys Knie.*), weil ich möchte, daß wir verbunden sind. Sie wünschen etwas, und das ist... ich mach' das nämlich absichtlich (*bezieht sich scherzhaft darauf, daß sie Casey verdeckt*). Sie wünschen, daß Sie Berührungskontakt mit ihm haben.

MARGIE: Hm. Und ich laß' das nicht zu, weil ich stur bin, weil ich von ihm abgelehnt werde.

VIRGINIA (*lacht, Margie lacht auch*): In Ordnung. Bevor Sie sich selbst alles glauben, wollen wir uns erst mal um die richtigen Sachen kümmern. Also gut. Sie wünschen sich das.

MARGIE: Hm.

VIRGINIA: Gut. Und dann halten Sie sich selbst davon ab.

MARGIE: Hm.

VIRGINIA: Gut. Dann sagen Sie sich, ich halte mich davon ab, damit ich nicht verletzt werde.

MARGIE: Das stimmt.

VIRGINIA: Gut. Wieweit sind Sie bereit, Ihrem Wunsch gemäß jetzt zu handeln und das Risiko einzugehen, daß einer von Ihnen verletzt werden könnte?

MARGIE: Das ist es. (*Lacht*)

VIRGINIA: Ich will jetzt wissen, ob Sie bereit sind, das Risiko jetzt einzugehen.

MARGIE: Ja.

85. VIRGINIA: Und das heißt, daß Sie auch bereit sind, ein Nein zu bekommen. Wenn das passiert...

84. *Virginia:* Jetzt setze ich mich dazwischen und möchte, daß sie sich auf mich orientiert und nicht auf Casey, weil ich mit dieser Sturheit und der Angst vor Ablehnung arbeiten möchte. Wenn ich mich bei diesem Paar nicht direkt vor Casey gesetzt hätte, hätte sie ihn benutzt, um Dinge zu aktivieren, die sie davon abgehalten hätten, sich an den sicheren inneren Ort zu begeben, von dem aus ihr eine Arbeit mit ihrer Sturheit und dem Abgelehntsein möglich ist. Gleichzeitig habe ich Casey mit meiner rechten Hand vermittelt, daß ich für ihn da bin, auch wenn ich ihm meinen Rücken zuwende, so als würde meine Hand ihm sagen: „Ich geh' jetzt zu ihr, aber ich verlasse dich nicht."
Kommentar: Das ist eine sehr schöne Demonstration von Virginia Satirs Kunst in der Arbeit mit Paaren. Eine der Schwierigkeiten für den Therapeuten in der Paartherapie ist es doch, bei der Arbeit mit einem Partner sicherzustellen, daß sich der andere nicht ausgeschlossen fühlt und das Gefühl bekommt, der Therapeut verbündet sich mit dem Partner.

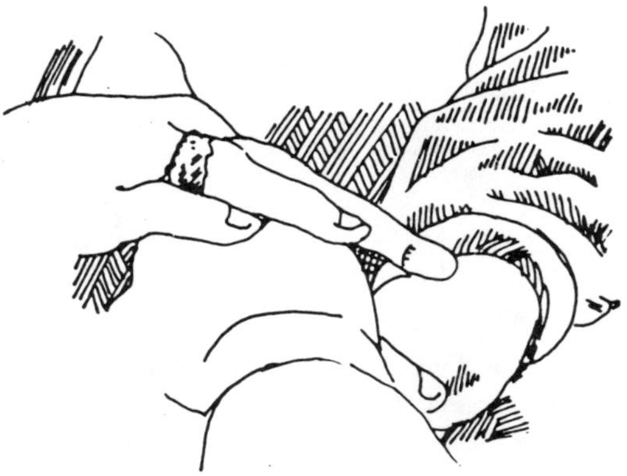

85. *Virginia:* Das ist ein besonders wichtiger Teil. Es wäre leicht, eine Situation herzustellen, die die Vorstellung verstärkt, immer,

MARGIE: Hmhh.

VIRGINIA: ... werden Sie nicht zusammenbrechen, weil jemand Nein gesagt hat. Vielleicht war das früher so, aber jetzt müssen Sie das nicht mehr. O.k.?

MARGIE: Hmhh.

86. VIRGINIA: Also, wenn Sie jetzt tun, was Sie wünschen — machen Sie's und wir werden sehen, was passiert. (*Margie beugt sich vor und faßt Caseys Knie an.*) Was Sie da tun — Sie könnten es viel einfacher haben, wenn Sie sich hierhin setzen würden.

MARGIE: Gut. Anstatt mich vorzubeugen. (*Margie sitzt jetzt gegenüber von Casey, sehr nahe bei ihm, berührt sein Knie und lächelt ihm zu.*)

VIRGINIA: Jetzt ist mir was aufgefallen, was passiert ist, als Sie das gemacht haben. Was ist passiert?

wenn man etwas will, müsse man es auch bekommen. Darum geht es aber nicht. Es ist wichtig, sagen zu können, was man will, und dann die Antwort zu hören. Deshalb habe ich sie nicht dazu gebracht, etwas von Casey zu fordern mit der Vorstellung, er müsse Ja dazu sagen — das hätte nicht gepaßt. Aber sie kann die Forderung stellen und sehen, was passiert. Dazu gehört das Risiko, ein Nein zu hören. Wenn man klein ist und jemand Nein sagt, kann man das als „Ich hab dich nicht lieb" hören. Ein wirklich reifer Mensch kann differenzieren.

Es gibt aber hier auch die implizite Botschaft, daß sie etwas verändert hat. Ich versuche immer, meine Bestätigung auf etwas aufzubauen, das gerade erst passiert ist. Hier hat Margie gerade zugestimmt, eine Verletzung zu riskieren. Ich weiß, daß sie sich jetzt darüber im Klaren ist, daß sie an einem „Nein" nicht stirbt.
Kommentar: Die Fähigkeit, ein „Nein" als etwas anderes als eine Ablehnung zu betrachten, ist sehr wichtig, wenn man eine bedeutungsvolle Beziehung eingehen will. Solange, wie man „Nein" mit Ablehnung gleichsetzt, wird man nichts fordern.

86. *Virginia:* Als ich Margie ermutigte, sich zu bewegen, war ich sicher, daß sie meiner Aufforderung nicht aus Gehorsam folgen würde, sondern weil ich Kontakt zu ihrem inneren Dialog hatte. Ich habe dem Teil, der sich zeigen wollte, Unterstützung und Ermutigung gegeben. Das ist allerdings keine Technik, sondern ein Prozeß ähnlich einer Geburt, bei dem man den Wehen folgt und die Mutter ermutigt, zu pressen. Es ist wie die Geburt neuer Möglichkeiten. Wenn ich jemanden auffordere, etwas zu tun, ist das keine Technik, die ich für ihn entworfen habe, sondern ich stehe den Ereignissen gegenüber und bin mir darüber im Klaren, was vorgeht. Deshalb paßt diese Aufforderung zu etwas in ihnen. Deshalb verweigern auch nur sehr wenige die Ausführung.

MARGIE: Er hat sich ein bißchen zurückgezogen.

VIRGINIA: Haben Sie das gesehen?

MARGIE: Vielleicht weiß er nicht genau, was er fühlt.

VIRGINIA: Ich hab' ein paar Bewegungen gesehen und ich weiß es nicht. Sie können Casey fragen, was er getan zu haben glaubt. Ich hab' erst eine Vorwärts- und dann eine Rückwärtsbewegung gesehen. (*Sieht Casey an:*) War es das, was Sie gemacht haben?

CASEY: Hm.

VIRGINIA: Gut. Wie fühlen Sie sich dabei, daß Margie riskiert, Ihnen ihrem Wunsch entsprechend näherzukommen?

CASEY: Komisch.

VIRGINIA: Gut. Das ist neu.

CASEY: Hm.

87. VIRGINIA: Jetzt sind Sie über das komische Gefühl weg, und wie fühlt es sich an, sie hier zu haben?

CASEY: Wie früher.

VIRGINIA: Und das heißt...?

CASEY: Na, es ist schön.

VIRGINIA: Ich möchte, daß Sie ihr das sagen.

CASEY: Es war schön. Wie ein warmes, verschwommenes...

88. VIRGINIA: Wie fühlen Sie sich dabei?

MARGIE: Ich bin nicht einverstanden.

VIRGINIA: Womit sind Sie nicht einverstanden?

Kommentar: Dieser Punkt ist sehr wichtig. Das Vertrauen, das aufgebaut wurde, könnte den Zuschauer leicht dazu verführen, anzunehmen, daß Margie Virginia Satir gehorcht und daß sie eifrig tut, was Virginia Satir ihr aufträgt. Wenn das der Fall wäre und die Forderung nicht Margies tiefen Wünschen entspräche, wäre Margie manipuliert worden. In diesem Prozeß hätte sie an Selbstwert verloren, weil sie die Kontrolle über ihre Handlungen an den Therapeuten abgegeben hätte.

87. *Virginia:* Obwohl Casey mit „komisch" reagiert hat, konnte ich doch feststellen, daß er entspannt war, daß ich auf die Reaktion nicht zu fokussieren brauchte und weitergehen konnte.
Kommentar: In den letzten Interaktionen hat Virginia Satir jeden Schritt von Margies Zugehen auf Casey sorgfältig überwacht und in allen Einzelheiten überprüft, ob ihr Gefühl, daß Margie näher zu Casey kommen wollte, auch korrekt war. (Virginia Satir überprüft all ihre Ideen immer wieder und ist stets bereit, sie aufzugeben, wenn sie nicht stimmig sind.) Es ist jetzt von gleicher Wichtigkeit, Caseys Gefühle zu überprüfen.

88. In den letzten Interaktionen war Caseys Stimme sanft, entspannt und liebevoll. Margies Gesichtsausdruck beim Zuhören war zunächst entspannt und offen, dann zog sie die Augenbrauen hoch. Achten Sie darauf, wie langsam Virginia Satir vorgeht und wie sie immer wieder die einzelnen Schritte überprüft.

MARGIE: Immer wenn ich auf ihn zugehe...

89. VIRGINIA: Moment mal, wir sind jetzt hier.

MARGIE: Ja, stimmt.

VIRGINIA: Sehen Sie mich bitte an, und hören Sie mal genau zu. Sie haben eine lange Geschichte — ich weiß, daß Sie eine lange Geschichte haben, und ich kenne sie nicht, und ich hab' so eine Ahnung, daß Sie oft nicht sehen, was vor Ihren Augen passiert, weil alles damit zugedeckt wird, was Sie erwarten, denn das haben Sie jetzt fast getan. Verstehen Sie mich?

MARGIE: Hm.

90. VIRGINIA: Gut, ich hätte jetzt gern, daß Sie Casey ansehen und mit Ihren Händen seine Haut fühlen und mir sagen, was Sie fühlen. (*Casey grinst.*)

MARGIE: Warm.

VIRGINIA: Gut. Sagen Sie's ihm, denn er ist da. Ich weiß das alles schon.

MARGIE (*sieht Casey in die Augen*): Du bist warm und du bist weich. Fühlt sich gut an.

91. VIRGINIA: Und wie fühlen Sie sich jetzt, wenn Sie das zu Casey sagen? Gerade jetzt?

MARGIE: Gut und ganz.

VIRGINIA: Und wie fühlen Sie sich, wenn Sie das hören?

CASEY: Fühlt sich ziemlich gut an.

VIRGINIA: Mir ist da was aufgefallen, und ich frage mich... Als Margie geredet hat, haben Sie dahin geguckt. Ist Ihnen bewußt, was Sie abgelenkt hat?

89. Virginia Satir sagt Margie nicht, daß sie wieder in ihrem alten Film ist, sie versucht auch nicht, den alten Film zu deuten. Sie bringt sie einfach wieder in die Vorgänge der Gegenwart zurück.

90. Ein wichtiger Teil des pädagogischen und therapeutischen Satir-Ansatzes ist es, die Sinne zu entwickeln. Sie arbeitet in Workshops und in Therapien oft mit Kommunikationsübungen, in denen die Teilnehmer ihre Fähigkeiten zu sehen, zu hören und zu fühlen üben können. Die meisten Menschen haben in diesen Bereichen ein Erziehungsdefizit.

Um Margie zu helfen, mit der Gegenwart umzugehen, fordert sie sie auf, hinzusehen und mit der Hand zu fühlen. Caseys Gesichtsausdruck dabei zeigt, daß das angenehme Erinnerungen aktiviert.

91. Zunächst überprüft Virginia Satir das Gefühl, dann das Gefühl zu dem Gefühl, das tiefer liegt. Die meisten Menschen können die erste Ebene ausdrücken (Ich fühle). Die zweite Ebene (Wie fühle ich mich mit diesem Gefühl) wird in der Regel nicht berücksichtigt, ist aber ein wesentlicher Bestandteil der Selbstachtung. Wenn das Gefühl der zweiten Ebene akzeptabel ist, bestätige ich meine Erfahrung. Wenn es ein Gefühl von Ablehnung ist, leugne ich die Gültigkeit der Erfahrung. Virginia Satir fordert Margie auf, über die innere Prüfung hinauszugehen, wenn sie sie bittet, die Gefühle der zweiten Ebene Casey mitzuteilen.

CASEY: Ja, mir ist bewußt, was mich abgelenkt hat. Ich hab' ihr auch zugehört. Meine Kinder haben mich abgelenkt.

92. COBY (*lacht*): Das hab' ich grad gesagt. Er hat ihr zugehört und sie angesehen (*zeigt auf Betty*).

(*Casey scheint sich über Cobys Kommentar zu amüsieren. Vater und Sohn sehen sich lächelnd an.*)

VIRGINIA: Gut. In Ordnung. Vielleicht können wir damit was machen. Gleich jetzt. Weil ich unter anderem entdeckt habe, daß es ein ganz starkes Gefühl von Sorge und Zuneigung gibt von eurem Vater zu euch, zu allen Kindern. Und von eurer Mutter zu all den Kindern. Aber ich glaube nicht, daß das so durchkommt, wie es durchkommen könnte. Wärt ihr bereit, Coby, Lisa und
93. Betty und Lucy und Susie, einfach zuzulassen, daß euer Vater euch ansieht, wenn er das braucht?

92. *Virginia:* Erinnern Sie sich? Coby hat vorher davon gesprochen, daß sein Vater seiner Mutter zuhört und seine Aufmerksamkeit woanders hinwendet. Das war viel früher, und ich habe nicht viel gemacht, sondern nur zugehört. Jetzt kommt Coby und sagt: „Sehen Sie, hier ist ein Beispiel für das, wovon ich bereits gesprochen habe." Das ist eine wunderbare Demonstration dafür, daß es in der Familientherapie nichts Überflüssiges oder Unwesentliches gibt, es sieht nur so aus. Alles hängt zusammen. Und wenn man die Verbindungen findet, ordnen sich die verwirrten Fäden. Jetzt steht die Integration bevor.

93. Wie in vielen Familien, wird auch in dieser die Sorge der Eltern häufig durch Anklage, Schimpfen und andere negative Botschaften ausgedrückt.

BETTY: Ist mir egal. Das macht mir nichts aus.

VIRGINIA: O.k. Das wäre vielleicht ganz gut, weil es was neues ist, wenn ihr das Gefühl habt, daß ihr euch nicht immer um alle gleichzeitig kümmern müßt. Und Sie hätten vielleicht die Botschaft bekommen können, daß Casey Ihnen nicht zuhört, als er da rüber geguckt hat. Es hätte sein können. (*Zu Casey:*) Aber
94. innerlich war das bei Ihnen nicht so.

CASEY: Nein.

VIRGINIA: Und jetzt, könnten Sie vielleicht etwas mit Ihren Händen machen, um Margie zu begegnen?

CASEY (*beugt sich vor*): Sicher.

VIRGINIA: Wenn das passiert, wenn Casey sich Ihnen zuwendet, wie jetzt, was ist das für ein Gefühl?

MARGIE: Ein prickelndes Gefühl.

VIRGINIA: Prickelnd. Sagen Sie es ihm. „Du machst mich prickelig."

MARGIE (*sieht Casey an*): Du machst mich prickelig. Ich hab' ein prickelndes Gefühl hier.

CASEY: O.k.

VIRGINIA: Wie fühlen Sie sich dabei?

CASEY: Na, ich weiß nicht.

95. VIRGINIA: Gut. Bleiben Sie dabei, Casey.

CASEY: Fühlt sich ziemlich gut an.

96. VIRGINIA: Ist das ein neuer Gedanke? Daß Sie soviel Eindruck auf jemand machen können?

CASEY: Ja.

94. *Virginia:* Ich sage Casey nicht: „Sie fassen das anders auf". Ich prüfe nur seine Motivation. Wahrscheinlich kann ich sie später, wenn ich lange genug mit ihnen arbeite, in Kontakt zu den unterschiedlichen Repräsentationssystemen bringen, die sie benutzen, aber nicht jetzt. Außerdem habe ich etwas, was vorher ein Hinweis für Ärger war, in einen Kommentar oder ein Anliegen umgeformt.
Kommentar: Wenn die Mitglieder einer Familie unterschiedliche Repräsentationssysteme benutzen, gibt es oft Mißverständnisse. In diesem Fall verläßt sich Margie wahrscheinlich mehr auf visuelle Systeme und Casey eher auf kinästhetische. Margie, die sich auf Informationen der visuellen Ebene verläßt, hat wahrscheinlich deshalb oft das Gefühl, daß Casey dem, was sie sagt, keine Aufmerksamkeit schenkt, weil er sie nicht ansieht, wenn er zuhört.

95. *Virginia:* Das ist die Stimme, die vermittelt, daß es ungefährlich ist, im eigenen Inneren nachzuforschen.

96. Hier wird deutlich, daß Virginia Satir jede Gelegenheit benutzt, die Selbstachtung zu steigern.

97. VIRGINIA: Vielleicht können Sie ja etwas darüber lernen, was für einen Eindruck Sie wirklich machen. Sie haben eine ganze Menge darüber gelernt, wie das wirkt, wenn Sie brüllen. Diesen Eindruck kennen Sie. Aber es gibt noch 'ne Menge anderes. Das ist eins. Jetzt kennen Sie auch dieses Stück. Wenn Sie wollen, Casey, möchte ich gern, daß Sie Margie etwas sagen, was Sie von ihr wollen — was sie ändern soll, vielleicht, egal, was es ist.

CASEY: Hör auf, mich anzugreifen. Ich mein', du machst — es ist eine Feindbeziehung, Liebling, wenn du Aufmerksamkeit willst, und dann vergeht mir die Lust.

98. VIRGINIA: Ich weiß, daß Sie aus langer Erfahrung sprechen. Es ist nicht sehr detailliert, aber könnten Sie das mal genauer sagen? Ganz genau, was soll Margie im Umgang mit Ihnen ändern?

CASEY: Sicher. Wenn du und die Kinder in den Park gehen wollen, oder wenn du mit den Kindern in den Park gehen willst. Und schon geht's los, Liebling. Dann werden die Augen aufgerissen, das Gesicht — der Kopf nach hinten geworfen und du bist ganz Abwehr. Ich kann das bei dir sofort erkennen.

99. VIRGINIA: Jetzt wollen wir das mal prüfen. Sehen Sie, es kann richtig sein, aber es kann auch nicht richtig sein. Teilen Sie einfach Casey jetzt mit, was Sie gefühlt haben, als er gerade von diesem bestimmten Vorfall sprach.

100. MARGIE: Verletzt.

VIRGINIA: Verletzt. Gut. In Ordnung. Können Sie sagen, worum es bei der Verletzung geht?

MARGIE: Die Familie.

VIRGINIA: Nein, ich meine jetzt, hier. Wir sind hier.

MARGIE: Es tut mir weh. Gefühlsmäßig tut es mir weh.

VIRGINIA: Und was hat Ihnen wehgetan?

MARGIE: Weil wir keinen Vater haben.

97. Wieder ist der Schwerpunkt ein positiver. Sie fragt Casey nicht nach dem Problem, das er vielleicht mit Margie hat, sondern fordert ihn auf, irgendetwas oder eine Veränderung zu konstatieren, die er von ihr wünscht.

98. Virginia geht auf Abstraktionen nicht ein und weigert sich, Caseys globale Reaktion aufzugreifen. Die Aufforderung an Casey, sich konkret zu äußern, bringt das Problem auf eine überschaubare Größe. Das beruht natürlich auf der Überzeugung, daß die Lernerfahrung aus der Arbeit mit einem konkreten Problem sich auf andere Situationen, in denen Casey sich angegriffen fühlt, übertragen läßt.

99. Virginia konzentriert sich nicht auf den Inhalt von Caseys Deutung des Gesichtsausdrucks seiner Frau. Sie überprüft jetzt mit Margie, wie vorher (Kommentar 81) mit Casey, ob es das ist, was sie innerlich gefühlt hat, als Casey von dem Ereignis berichtete.

100. Zu Margies Reaktion sind drei Erklärungen möglich: Zunächst könnte Casey Margies Gesichtsausdruck schon immer mißverstanden haben, so daß er immer dachte, sie wäre in der Defensive, wenn sie sich verletzt fühlte. Zweitens könnte Margie mit diesem Gesichtsausdruck eine Anzahl negativer Gefühle mitteilen. Die dritte Erklärung ist die wahrscheinlichste: Margie hat unter dem Eindruck der Sitzung ihre Abwehrmechanismen fallen lassen und ist jetzt in Kontakt mit der Verletzung, die sie normalerweise hinter der Abwehr verbirgt.

101. VIRGINIA: Moment mal. (*Spricht ganz langsam und deutlich:*) Moment mal. Sie sind im Augenblick, verzeihen Sie, aber im Augenblick sind Sie in einem Museum. Ich möchte noch mal zu was anderem zurück. Ich habe gerade Casey gefragt, er solle Sie um etwas bitten. Richtig? Und er war sehr abstrakt, und da habe ich ihn aufgefordert, konkret zu werden. Also, war es das, daß Casey etwas an Ihnen zu kritisieren hatte, das Sie verletzt hat?

MARGIE: Ja.

VIRGINIA: Das ist jetzt ein ganz wichtiger Punkt. Lassen Sie sich kritisieren?

MARGIE: Jawohl.

VIRGINIA: In Ordnung.

MARGIE: Ja.

CASEY: Oh nein.

101. *Virginia:* Das ist ganz typisch. Ich versuche, den Prozeß herauszufinden, der abläuft, während sie mit dem Inhalt beschäftigt ist und sich an irgendein altes Bild erinnert, als Casey nicht tat, was sie wollte. Ich könnte jetzt natürlich darüber reden, aber es ist wichtig, daß Margie damit in Kontakt kommt, daß ihr Verletztsein jetzt mit Caseys Kritik zu tun hat. Ich erweitere ihre Fähigkeit, verletzbar zu sein.
Kommentar: Beachten Sie, wie oft Virginia Satir Margie von den Problemen der Vergangenheit weg in die gegenwärtige Situation bringen muß. Die Absicht ist es, den Familienmitgliedern bei den Bewältigungsfähigkeiten zu helfen, und nicht so sehr, spezifische Probleme zu lösen. Wenn sie auf ein bestimmtes Problem fokussiert, dann nicht, weil sie glaubt, es müsse vor allen anderen gelöst werden, sondern weil, wie bereits erwähnt, der Bewältigungsprozeß bei diesem Problem auf die Lösung anderer Probleme übertragen werden kann.

Eine von Margies Bewältigungsschwierigkeiten ist die Tendenz, sich eher auf Erinnerungen zu verlassen als auf die Realität der gegenwärtigen Situation. Das gilt besonders für ihre Interaktionen mit Casey. Solange sie nicht fähig ist, der gegenwärtigen Situation mehr zu vertrauen als ihren Erinnerungen, kann sie ihre Beziehung zu ihm nicht verändern.

102. VIRGINIA: Moment mal, Sie können ihr nicht sagen, was sie nicht ist. Sie können ihr nur sagen, was sie Ihrer Meinung nach nicht ist. Das ist wichtig.

(*Zu Margie:*) Lassen Sie sich kritisieren? Denken Sie darüber mal ein bißchen nach. Es ist nicht dasselbe, als wenn Sie sich beschuldigen lassen. Kann man Sie kritisieren?

103. MARGIE: Wie meinen Sie das?

VIRGINIA: Können Sie von Casey Kritik annehmen? (*Sie nickt.*) Wollen Sie das jetzt?

MARGIE: Nein.

VIRGINIA: Was hält Sie davon ab, Caseys Kritik zu hören? Jetzt, in diesem Augenblick. Genau jetzt.

104. MARGIE: Kommunikation.

VIRGINIA: Nein, das nicht...

102. Das ist die wichtige Unterscheidung. Caseys Aussage basiert auf seiner Interpretation dessen, was er gesehen, gehört oder gefühlt hat. Wenn er diese Interpretation als Tatsache formuliert, stülpt er seine Überzeugung den vielen möglichen Realitäten, die Margie erleben könnte, über.

103. Eine Kritik ist ein negativer Kommentar über die Handlung eines anderen Menschen. Sie bezieht sich nur auf die Handlung, wohingegen eine Anklage die Verantwortung für den Fehler oder den Irrtum der anderen Person bezeichnet. Kritik ist ein ehrliches Feedback, das den anderen bestätigt, während Anklage den anderen angreift.

Allerdings werden Kritik und Anklage von Sender wie Empfänger häufig verwechselt. Ein Sender kann durchaus der Überzeugung sein, er kritisiert, wenn er in Wirklichkeit anklagt, oft weniger verbal als nonverbal. Auf der anderen Seite kann sich ein unreifer Empfänger angeklagt fühlen, wenn er Kritik hört.

104. Achten Sie darauf, wie beharrlich Virginia Satir Margie in der Gegenwart hält.

MARGIE: Versuchen, hm, ich versuche, Casey zu verstehen, und ich geb' Casey nach, aber ich sehe nicht, daß Casey meine Gefühle erreichen will.

VIRGINIA: Vielleicht können Sie damit etwas machen. Was ich jetzt, in diesem Augenblick, wissen muß, ist, ob Sie das Risiko eingehen, sich kritisieren zu lassen. Das heißt nicht, sich beschuldigen zu lassen.

MARGIE: Ja.

VIRGINIA: In Ordnung?

MARGIE: Ja.

VIRGINIA: Und daß wir Sachen hören können und sehen, was wir mit Ihnen machen.

MARGIE: O.k.

VIRGINIA (*wendet sich Casey zu*): Glauben Sie Margie in diesem Augenblick, wenn sie sagt, sie kann es?

CASEY (*schüttelt nachdrücklich den Kopf*): Nein.

105. VIRGINIA: Sie glauben ihr nicht? Jetzt haben wir die Frage: Wie fühlen Sie sich dabei, daß er Ihnen nicht glaubt, und wie fühlen Sie sich damit, daß Sie ihr nicht glauben? Was können Sie daraus machen?

MARGIE (*nach einer langen Pause*): Mehr reden. Und ihn wissen lassen, daß man ihn unterstützt und an ihn glaubt.

VIRGINIA: Ich will mal was ausprobieren. (*Zu beiden:*) Sie haben die Beine übereinandergeschlagen. Stellen Sie sie mal nebeneinander. Und kommen Sie näher, so daß sich Ihre Knie berühren, und nehmen Sie Ihre Hände.

106. CASEY: Na, das ist mal Kontakt.

VIRGINIA: Das ist komisch, nicht?

105. Hier beschäftigt sie sich wieder eher mit dem Prozeß des Nichtglaubens als mit dem Inhalt.

106. Bei der Berührung bekamen Casey und Margie einen Schock durch statische Aufladung. Die beiden nächsten Interaktionen beziehen sich auf einen Vorfall bei einem Workshop am Tag vorher.

CASEY: Ganz bestimmt.

VIRGINIA: Gestern ist bei so einer Gelegenheit was explodiert, und einer hat sich sogar den Hintern verbrannt.

Jedenfalls möchte ich, daß Sie in Verbindung sind, weil wir jetzt eine Vertrauensfrage stellen. Ich möchte wissen, ob Sie sich selbst glauben, wenn Sie sagen, daß Sie in diesem Punkt kritisierbar sind. (*Es folgt eine lange Pause, in der Margie und Casey den Blickkontakt aufrechterhalten.*)

107. VIRGINIA: Casey weiß das nicht, Sie wissen es.

MARGIE: Ja, ich glaube ja.

VIRGINIA: Gut. Sehen Sie jetzt Casey an und sagen Sie es ihm, weil das wohl ein neuer Schritt ist, wenn Sie sich jetzt kritisieren lassen können.

MARGIE: Ich bin kritisierbar, Casey.

VIRGINIA: Glauben Sie das jetzt?

CASEY: Hm.

108. VIRGINIA: Gut. Was haben Sie grade gesehen und gehört, daß Sie dazu gebracht hat, es nicht zu glauben?

CASEY: Der Ausdruck in ihren Augen. Das Grinsen auf ihrem Gesicht. Körpersprache. In werde sofort schwankend, wenn sie sagt, sie ist kritisierbar, und die Botschaft, die ich auf ihrem Gesicht gesehen habe, ist...

109. VIRGINIA: Gut, aber können Sie an diesem Punkt mal riskieren, das als etwas zu akzeptieren, was sie meint?

CASEY: Sicher.

VIRGINIA: Gut. Können Sie ihr das sagen, daß Sie es akzeptieren?

CASEY: Gut, ich akzeptiere das jetzt.

107. Margie wirkt erwartungsvoll, und das gibt Virginia Satir den Hinweis, daß Margie versucht, sich auf der Basis von Caseys Reaktion zu definieren. Um ein gutes Gefühl von Selbstachtung zu gewinnen, muß sich Margie (wie jeder andere auch) aber über die Antworten aus ihrem eigenen Innern definieren.

108. *Virginia:* Ich reduziere Caseys Antwort auf das, was er sieht.

109. *Virginia:* Ich kann nicht wissen, ob Caseys Deutung der Körpersprache seiner Frau zu Margies innerer Realität paßt. Wenn ich ihn auffordere, das Risiko auf sich zu nehmen und Margies Aussage „Ich bin kritisierbar" zu akzeptieren, helfe ich ihm, über seine alten Grenzen hinauszugehen.
Kommentar: Wieder bleibt Virginia Satir beim Prozeß und geht nicht mit dem Inhalt um. Es ist interessant zu beobachten, wie die Arbeit am Prozeß anscheinend zu einem sehr langsamen Tempo führt (z. B. die Interaktionen von Kommentar 86, 89 und 91),

VIRGINIA: Erzählen Sie ihr jetzt bitte die Episode, konkret.

CASEY: Gut. Wenn du wolltest, daß ich mit den Kindern einen Familienausflug an die See oder in den Park mache, bist du damit immer dann gekommen, jedesmal, wenn ich viel Arbeit hatte. Nicht, wenn ich einfach nur ein oder zwei Bücher zu lesen hatte oder ein oder zwei Themen vorzubereiten, sondern wenn ich Zwischenprüfungen hatte oder Examen, und dann mußte ich Nein sagen. Oder einmal, wo du das wolltest, und ich hab' das gemacht, das war nach einer extrem harten Woche in der Schule, und ich war müde. So wie vor drei Tagen, nach den ganzen Zwischenprüfungen und Vorbereitungen. Ich hab' zwei Tage lang geschlafen. Und dann werde ich fertiggemacht, weil ich schlafe, wenn ich müde bin. Und es ist nicht so, daß ich nicht mit der Familie wegfahren will.

MARGIE (*in verletztem Tonfall*): Und wann *willst* du wegfahren?

CASEY: Ich hab' keine Zeit.

110. VIRGINIA: Ich möchte das mal ein bißchen strukturieren. Was haben Sie Casey sagen gehört?

MARGIE: Daß er deprimiert ist. Müde. Fertig. Erschöpft. Und so weiter. Das ist Casey.

VIRGINIA: Gut. (*Zu Casey:*) Jetzt möchte ich wissen, ob es das ist, was Sie Ihrer Meinung nach zu Margie gesagt haben.

CASEY: Nein. Sie hat sich den falschen Zeitpunkt ausgesucht. Es gab auch Zeiten, wo man das hätte machen können. Vor drei Wochen hatte ich ein ganzes Wochenende Zeit, aber wir sind nirgends hingegangen.

VIRGINIA: Gut. (*Zu Margie:*) Sagen Sie Casey mal, was Sie ihn jetzt sagen gehört haben?

MARGIE: Immer wenn er frei hat, gehen wir an diesem Wochenende nie weg.

während bei einer anderen Gelegenheit das Tempo anzieht. In diesem Moment trifft Virginia Satir die Entscheidung, daß die Arbeit am Prozeß wichtiger ist als der Versuch, die Gründe für Caseys Zweifel herauszuarbeiten.

110. *Virginia:* Ich habe erkannt, wie leicht es für sie wäre, die alten Anklagemuster zu aktivieren und zurück ins Museum zu gehen. Ich wollte das vermeiden, denn ich wollte ihnen die Erfahrung vermitteln, daß sie anders miteinander umgehen können, wenn sie darauf fokussieren, die Vorgänge der Gegenwart zu sehen und zu hören. Deshalb habe ich gesagt, daß ich die Interaktion strukturieren will.

Kommentar: Hier entgeht Virginia Satir der Versuchung, eine Aussage zu machen wie „Sehen Sie, jetzt kommt wieder die alte Leier", die eine Antwort herausgefordert hätte wie: „Es tut mir leid, daß ich schon wieder tue, was ich nicht soll." Virginia Satir zeigt ihnen einen Umweg, bevor sie wieder in die eingefahrenen Geleise kommen.

111. VIRGINIA: Gut. Ich frage mich, was Sie gefühlt haben, als Sie das hörten. Jetzt gerade.

MARGIE: Hm, verletzt. Verletzt für mich und die Kinder. Weil sie keinen Vater haben.

CASEY: Jetzt geht das schon wieder los, sehen Sie?

MARGIE: Er ist zwar anwesend, aber...

VIRGINIA: Moment mal. Sehen Sie, das ist genau das, was Sie in alle möglichen Schwierigkeiten bringt. Ich habe Sie sagen gehört, daß Sie etwas zur Veränderung der Kommunikation machen wollten. Stimmt's?

MARGIE: Richtig.

112. VIRGINIA: Und ich weiß, wie verlockend es ist, wieder ins Mu-
seum zurückzugehen. Und Sie beide haben eine gut ausgeprägte
Begabung für Abstraktionen. Gestern, als Sie die Spiele gespielt
haben, waren Sie sehr gut — „Du machst nie" und „Du machst
113. immer", erinnern Sie sich? Übrigens, gestern, als wir das gespielt
haben, welche Haltung kannten Sie am besten? Anklagend, be-
sänftigend, rationalisierend, irrelevant? Mit welchen Haltungen
waren Sie vertraut?

MARGIE: ... unten am Boden (*als Besänftiger*).

VIRGINIA: Unten am Boden?

MARGIE: Ja.

VIRGINIA (*zu Casey*): Welche haben Sie herausgefunden?

CASEY: Ich hab' meiner Familie gestern erzählt, daß ich mich mit der rationalisierenden Haltung am wohlsten und am besten gefühlt habe.

111. An diesem Wortwechsel läßt sich gut beobachten, wie Virginia Satir die Botschaften, die zwei Menschen senden und empfangen, überprüft: Sie prüft zunächst, ob Casey korrekt verstanden worden ist, dann bittet sie Margie, das Gehörte zu wiederholen, und schließlich überprüft sie die Gefühle, die Margie dabei hat.

112. *Virginia:* Hier sind wir in einer Sackgasse, weil Margie sichtlich große Schwierigkeiten hat, in der Gegenwart zu bleiben. Deswegen habe ich die Methode geändert, weil Margie das nur ändern kann, wenn sie sich bewußt macht, was sie tut. Caseys Bewußtheit („Jetzt geht das schon wieder los") und meine können ihr nicht helfen.

113. Wie bereits in der Einführung bemerkt, fand dieses Familieninterview am zweiten Tag eines Workshops statt. Am ersten Tag nahmen die Anwesenden an Kommunikationsübungen teil, die ihnen ein Bewußtsein ihrer Kommunikationsmuster vermitteln sollten.

114. VIRGINIA: Diese beiden kennen Sie. Gut. Wir wollen mal aufstehen. (*Zu Casey:*) Kommen Sie bitte mal her und nehmen Sie die rationalisierende Haltung ein? Sehr rigide. Sehr rigide.

MARGIE (*scherzend*): Da fühlt er sich wohl.

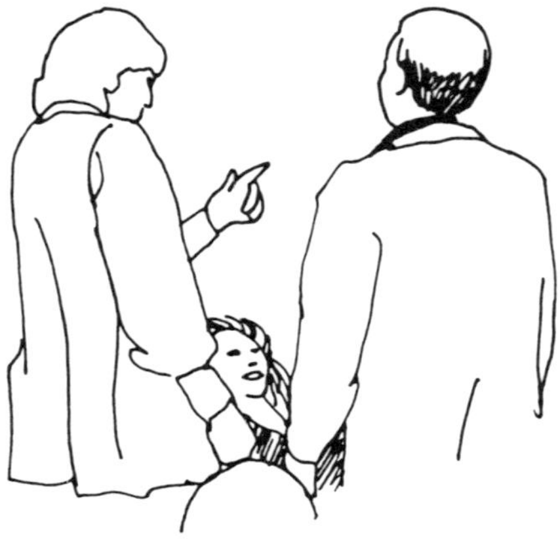

114. *Virginia:* Ich arbeite mit Margies und Caseys inneren Reaktionen und nicht so sehr damit, was am „besten" zu ihnen paßt. Ich kann nur auf der Basis von dem arbeiten, was in ihnen vorgeht. Wenn Casey mit dem versöhnlichen Bild von Margie nicht einverstanden gewesen wäre und sie als Anklägerin sehen würde, hätte ich zunächst mit Margies eigenem Bild gearbeitet und sie dann gefragt, ob sie bereit wäre, Caseys „anklagendes" Bild von ihr darzustellen. Aus dieser Haltung heraus hätte ich sie fragen können, ob sich das in irgendeiner Weise bekannt anfühlt. Dieser Ansatz zerstreut die Möglichkeit eines Streites um das „Richtige", weil Margie ihr eigenes Bild nicht aufgibt, wenn sie Caseys Bild darstellt.

Die Haltungen des Versöhnens, der Anklage, Rationalisierung und Irrelevanz sind nicht statisch. Je nach Kontext und den anderen Beteiligten wechseln sie. Man muß sich auch klarmachen, daß sich nicht alle ihrer Wirkung auf andere bewußt sind, weil sie meist nur ihre innere Erfahrung kennen. Und die innere Erfahrung von Ankläger und Versöhnendem sind nicht sehr verschieden. Beide erleben ein geringes Selbstwertgefühl und das Bedürfnis, sich gegen die wahrgenommene Gefahr zu verteidigen. Die Art und Weise, in der sich das in Verhalten niederschlägt (anklagen oder versöhnen), kann wechseln.

115. VIRGINIA (*berührt Margies Wange zur Unterstützung. Sie redet scherzhaft, aber die Botschaft ist ernst*): Jetzt hören Sie mal auf, darüber zu reden, was er fühlt. Ich möchte, daß Sie da sind, wo Sie sind. Gut. Runter, Liebes... Wir machen das... Hier, wir müssen das wirklich richtig hinkriegen. Oh, da, nein, da... Ja, aber Ihre Füße sind noch nicht richtig.

116. (*Virginia ist jetzt auch am Boden und hilft Margie, die richtige versöhnliche Haltung einzunehmen:*) Sie sind hier noch zu fest. Gut, hier, und hier und hier und das Herz (*weist darauf hin, daß Margie ihre linke Hand aufs Herz legen soll*). Gut. Aber sehen Sie, das ist nicht so (*korrigiert die Haltung*), eher so, nach oben sehen. Na, er kann Sie natürlich jetzt nicht sehen, weil er da rüber sieht. (*Casey steht sehr aufrecht in der rationalisierenden Haltung.*)

117. Und Sie haben versucht, ihn rüber zu drücken, damit er Sie bemerkt. Ja?

MARGIE (*lacht*): Richtig.

118. VIRGINIA: Na, darauf können Sie ja bauen. (*Zu Casey:*) Sie können sie hier unten nicht sehen, oder? Sie wissen nicht, was sie tut.

CASEY: Nur ganz am Rande.

115. Virginia Satirs Bemerkungen zu Margies Äußerungen erinnern uns alle daran, wieviel einfacher es ist, sich auf das Verhalten der Menschen um uns herum zu konzentrieren als auf unsere eigenen Gefühle und Verhaltensweisen.

116. Sie modelliert den Familienmitgliedern häufig, was sie ihnen vorschlägt. Ihre Spontaneität und Unbekümmertheit um ihr „Image" und ihre Wirkung auf andere sichern ihr eine gute Kooperation. Ich habe in den vielen Jahren, in denen ich ihre Arbeit beobachte, noch nie erlebt, daß sich jemand geweigert hätte, ihren Aufforderungen nachzukommen.

117. Dieser Teil der Sitzung wird auf dem Videoband lebendig (siehe auch Kommentar 120). Sie bringt Margie in die versöhnliche Haltung und Casey in die rationalisierende und überspitzt damit eine Situation, mit der beide Erfahrungen gemacht haben. Der Wert der Skulptur liegt in den Gefühlen, die zum Vorschein kommen und die beide kennen: Casey als der Rationalisierende, der so mit seinen Prinzipien und seiner rationalen Weltsicht beschäftigt ist, daß er den Kontakt zu Menschen verliert und sich ihrer wie seiner eigenen Gefühle nicht mehr bewußt ist, und Margie als die Versöhnliche, die aus lauter Angst, ihre Bedürfnisse und Wünsche durchzusetzen, die Aufmerksamkeit auf krummen und verdeckten Wegen auf sich zu ziehen versucht.

118. Die ganze therapeutisch-pädagogische Erfahrung steht in einem humorvollen Kontext, in dem Casey und Margie sich ihres Verhaltens ohne Abwehr bewußt werden können. Humor kann oft einen Augenblick spontaner Einsicht möglich machen, der sich in Lachen niederschlägt. Das verankert die Erfahrung so in unserem

VIRGINIA: Wenn Sie einen Schritt nach vorne kommen (*nimmt Caseys Hand und legt sie auf Margies Kopf*), ... patsch, patsch, patsch.

(*Zu Margie, die lacht:*) Gibt's das manchmal? Haben Sie das
119. schon mal gefühlt? Das ist richtig, sehen Sie? Aber Sie können dann was anderes tun (*hilft Margie, aufzustehen und einen anklagenden Finger auf Casey zu richten*), weil Sie das tun. Folgen Sie dem Finger. (*Gelächter*)

(*Zu Casey:*) Und wenn der Finger rauskommt, ich glaube, dann kommt auch Ihr Finger zum Vorschein. (*Gelächter*)

Also, das muß aufgebrochen werden. Wissen Sie, wie Sie das aufbrechen?

MARGIE: Nein, wie?

VIRGINIA: Wie verändert sich das für Sie, wie kommen Sie von da aus zu etwas anderem?

MARGIE: Weggehen.

VIRGINIA: Das hab' ich mir gedacht. Also der eine Weg, das aufzubrechen, ist es, sich wegzudrehen, und wenn Sie sich abwenden...

(*Redet Casey an:*) Ich erzähl' Ihnen meine Vorstellung von dem, was passiert: Sie gehen auf den Boden (*sie führt Casey sacht in eine versöhnliche Haltung*), aber Sie legen sich ganz auf den Boden, praktisch mit der Nase am Boden, [und Sie denken]: „Sie kümmert sich nicht um mich."

(*Zu Margie:*) Und Sie wissen das nicht. Ich meine, das ist eine ganz neue Idee für Sie. Die Kinder wissen es, weil sie es sehen können. Und jetzt werden Sie einsam hier, nicht? (*Margie steht jetzt mit dem Rücken zu Casey, der immer noch in der versöhnenden Position daliegt.*)

MARGIE: Hm.

VIRGINIA: Dann, wenn es Ihnen nichts ausmacht, wir übertreiben ein bißchen, wenn Sie hier runtergehen (*Margie ist jetzt am Boden, Virginia wendet sich zu Casey:*), und Sie denken daran,

Gedächtnis, daß zukünftige, ähnliche Erfahrungen auch eher in humorvollem als anklagendem Kontext gesehen werden können.

119. Virginia Satir ist in dieser Sequenz die Regisseurin, die für die Struktur der Situation verantwortlich ist. Die Intervention basiert auf dem Prozeß, der ihrer Meinung nach in Streßzeiten bei Margie und Casey stattfindet. Margie hat ihr Selbstbild als „Versöhnliche" entwickeln können und wird nun in die anklagende Haltung gebracht, von deren Gegenwart Virginia Satir aus den vorangegangenen Interaktionen weiß.

daß Sie einsam sind. Sie gehen runter, drehen sich um, kriechen auf allen vieren. Und sobald Sie sie kommen sehen, stehen Sie auf und sind rationalisierend. (*Casey ist jetzt wieder in der ursprünglichen aufrechten Haltung.*) Jetzt stehen Sie hier eine Zeitlang, und dann wiederholen wir die ganze Angelegenheit.

(*Zu Margie:*) Sie stehen auf, Sie werden wütend (*Margie streckt einen anklagenden Finger aus, lacht*), und Sie denken an all die Sachen, die passiert sind. Gut so. Und jetzt sagt er: „Nicht mit mir, Puppe (*Casey zeigt anklagend mit dem Finger*) ... und runter mit dem Finger." (*Margie wendet sich ab.*) Gut so, „wie kannst du mich so behandeln?"

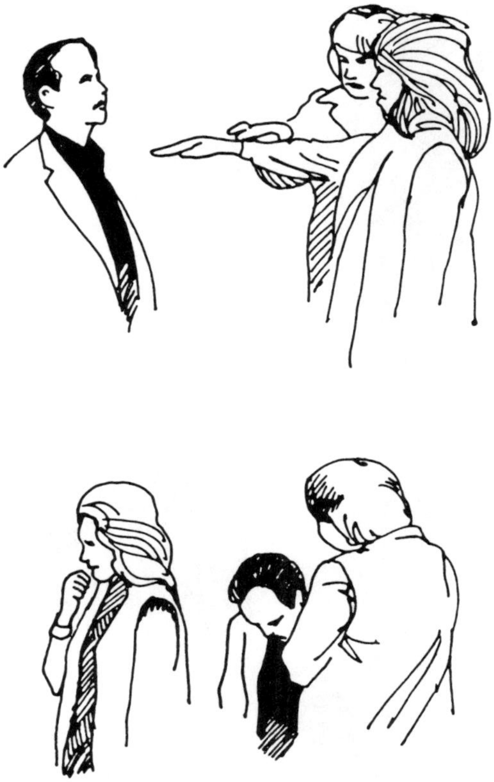

120. Ohne das Videoband kann man der Ballett-Sequenz nur schwer folgen. Diese kurze Zusammenfassung kann vielleicht helfen. Der Ablauf des Balletts (Skulptur in Bewegung) ist wie folgt:

1. Margie in einer versöhnlichen Haltung auf dem Fußboden vor einem rationalisierenden Casey.

2. Virginia Satir bemerkt zu Margie, daß sie aus dieser Position heraus manchmal versuchen kann, Caseys Aufmerksamkeit zu erregen, und weist Casey darauf hin, daß er Margie aus seiner

(*Zu Margie:*) Und Sie fühlen sich schuldig und wollen etwas.
121. (*Casey geht wieder in die versöhnliche Haltung.*)
(*Zu Casey:*) Kriechen Sie... und das können Sie nicht aushalten, stehen Sie auf.

Position heraus nicht sehen kann.

3. Dann gibt sie Casey ein Prozeß-Bild, das ihr eingefallen ist: ein patriarchalisches, abwesendes Tätscheln von einer rationalisierenden Person, die weiß, daß es manchmal wichtig ist, Kontakt zu Menschen zu haben.

4. Virginia Satir bringt Margie in die Anklage-Haltung und deutet Casey an, daß er in dem Fall ebenfalls anklagt.

5. Virginia überprüft mit Margie deren Reaktion, wenn Casey ebenfalls anklagt.

6. Margie stellt fest, daß sie dann weggeht. Jetzt schlägt Virginia Satir Casey vor, in dem Fall die versöhnliche Haltung einzunehmen.

7. Sie macht Margie bewußt, daß sie von Caseys deprimiertem Gefühl „Sie (Margie) mag mich nicht" nichts weiß, weil sie sich abgewendet hat.

8. Dann klinkt sie sich in Margies Gefühl von Einsamkeit und ihren Wunsch nach Kontakt ein und vollendet die erste Bewegung des Balletts, indem sie Margie Casey auf der versöhnlichen Ebene näher kommen läßt. Sofort fällt Casey ein, daß Männer keine Schwäche zeigen dürfen, und er geht zurück in die rationalisierende Haltung.

9. Der zweite Akt des Balletts ist eine Wiederholung des ersten.

121. Ein Ballett ist wirksamer als tausend Worte. Hätte man das Ballett durch verbale Kommunikation ersetzt, hätte die Ungenauigkeit der gesprochenen Sprache zu vielen Mißverständnissen ge-

CASEY (*lachend*): Das ist ganz schön anstrengend.

VIRGINIA (*lachend*): Allerdings. (*Zu Margie:*) O. k. In Ordnung. Sind Sie dabei?

MARGIE: Hm.

VIRGINIA: Gut. Sie haben bemerkt, daß es überhaupt keinen Weg gibt, ihn da unten zu treffen. Aber ich möchte Ihnen zeigen — gehen Sie noch mal runter und lassen Sie mich Ihnen eine kleine Taktik zeigen. (*Margie geht in der versöhnenden Haltung zu Boden.*) Gehen Sie näher ran, sehen Sie. Ein bißchen näher. Wenn Sie näher rücken, können Sie einen Zeh auf seinen Zeh stellen. Damit können Sie ihm Ärger machen.

MARGIE: Oh, ja.

VIRGINIA: Und dann fallen Sie so über ihn, sehen Sie? Sie können über ihn fallen. Richtig. Sie können das.

MARGIE (*lacht*): Kann ich ihn so aus dem Gleichgewicht bringen?

VIRGINIA (*ernst*): Sie könnten es vielleicht, doch wenn er diese Position beibehält, dann wird er sich sicherlich nicht aus dem Gleichgewicht bringen lassen, denn wenn Sie anfangen, ihn aus dem Gleichgewicht zu bringen, sehen Sie mal, was Sie machen. (*Casey geht weg. Gelächter.*)

So ist das. Sehen Sie. Gut. Jetzt seid Ihr sogar an einer Stelle, wo es Spaß macht.

MARGIE: Ja.

VIRGINIA: Es gibt auch ein Stück, was hierher paßt. Wie bringen sie sich gegenseitig aus dem Gleichgewicht? Gut. Was meinen Sie? (*Virginia läßt Casey und Margie im Stehen anklagende
122. Finger auf den anderen richten.*) Dabei kommen die Tränen, innerlich. Aber außen sind die Worte furchtbar.

führt, und es hätte viel Zeit gekostet, die richtige Bedeutung der Kommunikation zu prüfen. Das Ballett ermöglicht ein organisches Verstehen und gibt sofort ein Feedback über die Genauigkeit eines Gefühls oder einer Verhaltensweise.

122. *Virginia:* Hier versuche ich, ihre Interaktionen dabei ans Licht zu bringen. Ich zeige ihnen, daß sie nicht hilflos sind und Wahlmög-

MARGIE: Ja.

VIRGINIA: O.k.?

MARGIE: Hm.

VIRGINIA: Gut. In Ordnung.

MARGIE: Stimmt.

VIRGINIA: Wir wollen mal sehen, was wir sonst noch rauskriegen können. (*Casey, Margie und Virginia setzen sich. Virginia redet Margie an.*) Sehen Sie, von da unten können Sie nicht sehen,
123. wo er ist. Von da oben kann er nicht sehen, wo Sie sind, und wenn Sie so sind (*zeigt mit dem Finger*), können Sie auch nichts sehen. Also, als ich Sie gefragt habe, ob man Sie kritisieren kann, habe ich nur gemeint, ob Sie lernen können.
124. Hören Sie, was vorgeht, und hören Sie zu? (*Zu Casey:*) Und Sie?

CASEY: Hm.

VIRGINIA: Gut. Jetzt noch mal zurück. (*Margie und Casey sitzen sich gegenüber.*) Ich möchte, daß Sie Margie sagen, Sie wollen ihr mitteilen können, wenn Sie verfügbar sind.

CASEY: Ich möchte dir sagen können, wenn ich Zeit habe und zur Verfügung stehe, um mit der Familie einen Ausflug zu machen.

MARGIE: Ich akzeptiere das.

VIRGINIA: Gut. Sie haben jetzt gerade ein Abkommen getroffen. Casey sagt Ihnen, wenn er zur Verfügung steht, und Sie haben zugestimmt, das zu akzeptieren. Das ist ein Teil. Gut. Wären Sie jetzt bereit, Casey zu fragen, ob er Ihnen zuhören will, wenn Sie möchten, daß er zur Verfügung steht?

125. MARGIE: Casey, würdest du zuhören, wenn ich versuche, dir zu sagen, daß wir zur Verfügung stehen für einen Ausflug?

CASEY: Ja.

lichkeiten haben. Und ich verstärke meine frühere Aussage, daß Menschen, die nicht wissen, wie sie sich nahe kommen sollen, streiten. Ich demonstriere ihnen auch, daß das einen hohen Preis erfordert und die schrecklichen Worte nach außen die Verletzungen und Tränen im Inneren nicht verhindern. Das ist ein wichtiger Zusammenhang für das Familienleben: zwischen der äußeren Botschaft und den inneren Gefühlen bleibt oft eine Differenz.

123. Das Streß-Ballett hat klargemacht, daß eine effektive Kommunikation unmöglich ist, wenn eine inkongruente Kommunikationshaltung benutzt wird.

124. *Virginia:* Hier habe ich eine Abkürzung genommen von anklagbar zu kritisierbar zu belehrbar.
Kommentar: Nach einem langen Abstecher kehrt Virginia Satir zu dem Punkt zurück, den sie vorher erreichen wollte. Sie behält den Fokus im Auge, auch wenn sie allem Anschein nach eine andere Richtung eingeschlagen hat.

125. Virginia Satir lenkt die Interaktion zwischen Casey und Margie mit großer Präzision. Der Inhalt der Interaktion ist unwichtig; signifikant ist, daß Casey und Margie lernen, effektiver miteinander zu kommunizieren. Wieder verschmelzen Therapie und Päd-

VIRGINIA (*zu Margie*): Sie haben jetzt zwei Vereinbarungen getroffen, die einen großen Unterschied in Ihrem Leben machen können, wenn Sie sie einhalten, weil Casey sagt, daß er Ihnen kundtut, wenn er Zeit hat. Das heißt nicht immer, daß Sie dann auch zur Verfügung stehen, aber er sagt Ihnen, wann er frei ist. Das ist der Anfang eines Anfangs. Sie haben ihm gesagt, daß Sie ihm sagen werden, wenn Sie bereit sind, und Sie haben gesagt,
126. Sie hören zu. Das heißt nicht, daß es immer in Verfügbarkeit mündet. Es heißt nur, daß Sie sich gegenseitig sagen, wo Sie stehen, um etwas anzufangen. Können Sie verstehen, was ich sage?

MARGIE: Hm.

VIRGINIA: Es ist sehr wichtig, daß jeder den anderen das wissen lassen kann. Das heißt aber nicht, daß der andere damit eine Verpflichtung hätte. Es heißt nur, daß Sie einen Ausgangspunkt haben.

agogik, weil guter Wille allein noch keine gute Kommunikation möglich macht, wenn die Fähigkeiten dazu fehlen.

126. Wieder liegt der Schwerpunkt auf dem Gebrauch der Wörter Ja und Nein. Nur wenn man sie in Kontexten wie dieser Interaktion benutzt, anstatt sie mit „gefallen" und „lieben" oder „mißfallen" und „ablehnen" zu verbinden, kann in einer Beziehung wirkliche Kommunikation stattfinden.

Zusammenfassung

Die Arbeit mit der Familie hatte einen doppelten Zweck. Erstens wollte ich damit einem fachkundigen Publikum vorführen, wie ein Familieninterview bei mir aussieht, klingt und sich anfühlt. Die Absicht war es, die Achtung vor Familienprozessen zu vertiefen und zu zeigen, welche Interventionen ich benutze. Zweitens wollte ich der Familie eine Erfahrung bieten, mit der sie ihr Repertoire an Bewältigungsfähigkeiten vergrößern kann.

Ich sehe meine therapeutische Aufgabe darin, die Bewältigungsmöglichkeiten des einzelnen im Umgang mit der eigenen Person wie mit anderen zu erweitern, umzulenken und umzuformen, damit sie ihre Probleme auf gesündere und relevantere Weise lösen können. Nicht die Probleme sind das Problem, sondern die Bewältigungsfähigkeiten. Bewältigungsfähigkeiten sind das Ergebnis von Selbstwert, den Regeln des Familiensystems und der Verbindung zur Außenwelt.

Unbefriedigende Bewältigung ist das Ergebnis niedrigen Selbstwertgefühls, das sich manifestiert in brüchiger Abwehr, inkongruenter Kommunikation und rigiden, starren Regeln, die überwiegend auf Deprivation und Grenzen basieren. Zusammengenommen schafft das eine Disharmonie, die sich in körperlichen Krankheiten, emotionalen Störungen, intellektueller Sterilität und Beziehungstragödien widerspiegelt.

Es ist mein Ziel, den Prozeß befriedigender Bewältigung in Gang zu setzen. Meine Interventionen sollen den Selbstwert steigern, kongruente Kommunikation entwickeln und sinnvolle Leitlinien auf der Basis der Vielfalt und Grenzenlosigkeit geben, eine Basis, die jedem Menschen von Geburt an zusteht.

Die Menschen in dieser Familie sehen sich jetzt anders als vorher. Natürlich ist ihre Arbeit noch nicht vollendet, aber ich hoffe, daß sie jetzt neuen Herausforderungen auf gesündere Art begegnen können.

Virginia Satir

Teil II

Theorie

1 Grundlagen des familientherapeutischen Ansatzes von Virginia Satir

Dieses Kapitel erläutert das Begriffssystem, Schwerpunkte und Vorgehensweisen der Satirschen Therapie auf dem Hintergrund ihres Welt- und Menschenbildes.

Dabei stehen drei Bereiche im Vordergrund : Erstens philosophische Überlegungen über die Stellung des Menschen in der Welt — ein Vergleich zwischen dem „Wachstumsmodell" als einem organischen Konstrukt der Welt und dem „hierarchischen Modell", auf dem unsere Zivilisation im wesentlichen aufbaut. Zweitens Virginia Satirs Gedanken über Wachstum und Entwicklung des einzelnen und die Einflüsse, die dabei wirksam sind, und drittens ihre Theorien über Lernen und Veränderung.

Der Ort des Menschen in der Welt

Virginia Satir sieht die Welt als einen Ort unendlicher Schönheit, unaufhörlicher Entwicklung und Veränderung. Das gilt auch für den Menschen als Teil der Welt. Schon in physischer Hinsicht ist der Mensch etwas Wunderbares: Lungengewebe, das ausgebreitet einen Morgen Land bedecken könnte, 2 m^2 Hautoberfläche mit Millionen Poren für die Atmung, eine funktionierende Abfallverwertung und eine ganze „Industrie" zur Herstellung von Hormonen und Hormonverbindungen sind nur einige der vielen Bestandteile des Körpers. Und natürlich hat ein Mensch einen Geist und eine Seele. Die „Wissenschaft" hat die Seele jahrelang völlig außer acht gelassen und in den Bereich der institutionalisierten Religion verwiesen. Sie hat dabei allerdings übersehen, daß sich ein Mensch, der seine spirituelle Dimension nicht beachtet, verloren fühlt, weil ihm die Verbindung zu seiner „Lebenskraft" oder zum „Weltgeist" fehlt. Virginia Satir drückt das so aus:

> „Im Laufe meiner Entwicklung haben mir meine Erfahrungen gezeigt, daß etwas existiert, was man ‚Lebenskraft' oder ‚Weltgeist' nennen könnte. Ich weiß, daß diese Kraft viele Dimensionen hat,

die das menschliche Verhalten beeinflussen. Ich denke, es ist etwa wie mit der Elektrizität: es hat sie immer gegeben, aber sie mußte zunächst entdeckt werden, bevor man sie produktiv nutzen konnte."

Nicht immer sind die Menschen mit ihrer Lebenskraft in Kontakt. Viele schenken ihrem inneren Reichtum keine Aufmerksamkeit und brauchen Hilfe, um den Zugang dazu zu finden. Oft ist die einzigartige Schönheit eines Menschen tief vergraben, und es braucht Geduld und Mühe, zu ihr vorzudringen, aber sie ist immer vorhanden.

Diese Überzeugung von der Einzigartigkeit und Schönheit jedes einzelnen Menschen hat den Charakter der psychotherapeutischen Beziehung verändert. Die Hierarchie von „Ich (Experte) — du (eine Person mit einem Problem, die meine Hilfe braucht)", zwischen Therapeut und Klient wird zu einer Ich-Du-Beziehung, und diese menschliche Verbindung hilft dem Klienten, mit seiner Lebenskraft in Berührung zu kommen.

Um Mißverständnisse zu vermeiden, sei betont, daß Virginia Satir eine sehr realistische Frau ist, die keineswegs eine blind optimistische Weltanschauung vertritt. Sie ist sich durchaus bewußt, daß die inneren Reichtümer des Menschen oft tief verschüttet und kaum zugänglich sind. Sie weiß auch, daß Wachstum und Veränderung, wenngleich Wesensmerkmale des Lebens, sich nicht immer in positiver Richtung entwickeln. Auch ein Krebsgeschwür wächst, und so kann sich auch die Persönlichkeit eines Menschen in einer Weise entwickeln, die ihm selbst und anderen schadet.

Es kommt darauf an, zu bestimmen, unter welchen Bedingungen Wachstum in positiver Richtung möglich ist, und diese Bedingungen dann für alle Menschen bereit zu stellen. Die Lösungen sind oft komplex und widersprüchlich; was den einen als gute Entwicklungsbedingung erscheint, kann anderen das Gegenteil bedeuten. In ihren Workshops und Vorträgen hat Virginia Satir zwei gegensätzliche Betrachtungsweisen der Welt einander gegenübergestellt: das hierarchische Modell („Threat and Reward" model — Modell von „Oben" und „Unten", von Strafe und Belohnung) und das Wachstumsmodell („Seed" model). Die beiden Modelle unterscheiden sich deutlich in vier Bereichen:

1. in der Definition von Beziehung,
2. in der Definition des Menschen von sich selbst,
3. in der Erklärung von Ereignissen und
4. in den Sichtweisen von Veränderung.

Wenn man weiß, wie ein Mensch diese vier Bereiche handhabt, kann man zu einem tieferen Verständnis davon kommen, wie er sein Leben bewältigt.

Die Definition von Beziehung und des Menschen von sich selbst

Beziehungen im „hierarchischen Modell" setzen eine Hierarchie voraus, in der die einen die Regeln des richtigen Verhaltens festlegen, während die anderen sich diesen Regeln unterwerfen müssen. Diese Hierarchie basiert auf den Rollen, die man im Leben einnimmt, und auf rigiden Erwartungen an die Rollenkonformität. Es engt also die individuellen Möglichkeiten stark ein. Anders ausgedrückt: „Die da oben" — Eltern, Lehrer, Ärzte, Vorgesetzte, weltliche oder geistliche Führer — wissen, was für „die da unten" — Kinder, Schüler, Angestellte, Gläubige, Patienten — am besten sei. „Die da oben" sind dabei nicht unbedingt bösen Willens; ihr Verhalten beruht auf der Überzeugung, daß sie nur zum Besten „der da unten" handeln. Wenn sie tadeln oder Schuld zuweisen, glauben sie, daß sie die anderen auf den richtigen Weg bringen. Abgesehen davon zeigen sie ja auch ihre Liebe, indem sie „die da unten" für richtiges Handeln loben und belohnen. Zu den Konsequenzen dieses hierarchischen Modells gehören Revolutionen, Religionskriege und Aufstände. Aber die wohl schlimmste Folge ist, daß die Menschen das Gefühl nicht kennen, mit sich selbst in Einklang zu sein. Wer oben ist, erlebt Einsamkeit und Isolierung, wer unten ist, Schwäche und Wertlosigkeit.

In diesem Modell definieren sich Menschen durch vorgegebene Verhaltensnormen. Die von oben festgelegten Standards verlangen, daß alle alles auf dieselbe Art tun müssen. Ein kleiner Junge darf nicht weinen, wenn er sich wehgetan hat. Ein kleines Mädchen muß mit Puppen spielen, auch wenn es sie haßt. Ein Schüler muß sich den Regeln beugen und seinen Lehrer ansehen, um ihm seine Aufmerksamkeit zu beweisen, auch wenn er sich vielleicht anders besser konzentrieren kann. Der Patient muß den Anweisungen des Arztes trotz eventueller Zweifel folgen. Alle Unterschiede müssen nivelliert werden, weil sie die bestehende Ordnung gefährden können. Das Ergebnis ist, daß sich die Menschen gezwungen fühlen, in einer ganz bestimmten Art und Weise zu handeln. Der Preis für nicht rollengerechtes Handeln ist Schuldgefühl, Angst oder Ablehnung. Wenn man sein Verhalten nicht an der Befriedigung eigener Erwartungen, sondern an denen der anderen orientiert, sind Ärger und Feindseligkeit, oft auch Hoffnungslosigkeit, natürliche Folgen.

Im Gegensatz dazu wird beim Wachstumsmodell die Identität des Einzelnen durch seine Existenz als Person bestimmt. Jeder Mensch wird mit einem Potential geboren, das sich während seiner Existenz auf diesem Planeten erfüllen kann. Dieses Potential ist von Mensch zu Mensch unterschiedlich, aber größere Fähigkeiten geben keinem Menschen etwa eine Vorrangstellung vor anderen. Begriffe wie „Rolle" oder „Status" definieren Beziehungen nur innerhalb ganz bestimmter Kontexte. So betrachtet sich Mary nur dann als „Mutter", wenn ihre Mutterrolle das erfordert; ihre Persönlichkeit ist sehr viel umfassender. Fred ist Arzt, wenn er medizinische Untersuchungen durchführt, zu anderen Zeiten ist er Ehemann, Vater, Staatsbürger, Schachspieler usw. Das bedeutet keineswegs, daß Lob und Kritik im Wachstumsmodell keinen Platz hätten, aber sie beruhen nicht auf festgeschriebenen Rollen. Nach diesem Modell können Beziehungen wirklich liebevoll sein und auf Manipulationen verzichten.

In diesem Modell ist jeder Mensch einzigartig. Er ist wie eine sprudelnde Quelle, deren Wasser allem anderen Wasser zwar grundsätzlich gleich ist, sich aber aufgrund seiner besonderen und einzigartigen Bestandteile und Mineralien von anderen unterscheidet. Zu dem, worin wir uns gleichen („Wir alle haben einen Bauchnabel, zahlen Steuern und sterben"), kommt all das, worin wir uns unterscheiden, und erst das macht uns einzigartig und gibt uns Grund, stolz auf uns zu sein. Und der konstruktive Umgang mit unserer Verschiedenheit bereichert die Welt. Die Ganzheit eines Menschen basiert darauf, daß er das akzeptiert, was ihn von allen anderen unterscheidet.

Die Definition von Ereignissen

Das hierarchische Modell erklärt Ereignisse linear und allzu einfach. Es läßt die vielen Variablen unberücksichtigt, die unsere Wirklichkeit ausmachen. Ein gutes Beispiel für diese vereinfachende Sichtweise ist die Trivialisierung von Forschungsergebnissen in unseren Medien: „Iß keine Butter, Butter verursacht Krebs. Iß deshalb Margarine" (natürlich nur solange, bis das Gegenteil gilt). Ein solches Denken führt zu einem Weltbild, in dem alles nach dem Schwarz-Weiß-Muster ausgewählt oder diktiert wird. Auf dem Gebiet der psychischen Gesundheit hat diese lineare Denkweise zu stark vereinfachenden Erklärungen über die Ursachen von Verhalten und die Ätiologie der Krankheiten geführt.

Das Wachstumsmodell berücksichtigt eine Vielzahl von Variablen, wobei noch hinzukommt, daß diese Variablen meist miteinander interagieren. Wer mit diesem Denkansatz ein Ereignis erklären will, der wird sehr bescheiden und ist sich bewußt, daß neue Variablen seine gegenwärtige Erklärung ständig verändern können.

Die Definition von Veränderung

Auch die Einstellung zu Veränderung ist in den beiden Modellen sehr unterschiedlich. Im hierarchischen Modell sind die Menschen aus Furcht vor Veränderung ganz damit beschäftigt, alles zu erhalten, wie es ist, und blockieren so den natürlichen Fluß des Lebens. Dadurch entstehen viele Probleme. Viel Energie und Zwang ist nötig, um den Fluß der Veränderung einzudämmen, und die Beibehaltung des Status quo wird zur Hauptsache, ungeachtet der Kosten.

Im Wachstumsmodell wird Veränderung als permanenter Lebensprozeß betrachtet, der sich auf der Ebene des Mikro- wie des Makrokosmos abspielt. Veränderung wird hier als Möglichkeit begrüßt, neue Bereiche zu entdecken. Es entsteht eine Bewußtheit dafür, daß Veränderung neue Möglichkeiten und Entscheidungswege eröffnet, die nie gefunden werden können, wenn man sich an den Status quo klammert. Natürlich ist das auch beängstigend, weil neue Bereiche, unbekannte Territorien, auch neue Risiken mit sich bringen.

Im Grunde unterliegen beiden Modellen völlig unterschiedliche Menschenbilder. Im Wachstumsmodell ist der Mensch potentiell gut. Das heißt nicht, daß er unschuldig oder gut zur Welt kommt, sondern daß es eine Art „körperlicher Weisheit" gibt und sich deshalb Kinder genau wie Pflanzen unter angemessenen, nährenden Bedingungen aller Wahrscheinlichkeit nach zu gesunden Erwachsenen entwickeln. Im hierarchischen Modell ist der Mensch seiner inneren Natur nach schlecht: Menschen sind „gefallene Engel" mit gefährlichen Gefühlen, und sie bleiben nur auf dem engen und graden Pfad des guten Benehmens, wenn sie von außen gezügelt und unter Strafe gestellt werden. In anderen Worten: Der Mensch ist von Geburt an böse und muß deshalb von Geburt an kontrolliert werden, damit er sich zu einem produktiven und verantwortungsbewußten Wesen entwickelt. Auf diesem hierarchischen Modell basieren die meisten, wenn nicht alle Zivilisationen und Religionen. Seine Anhänger sind davon überzeugt, daß diese Prinzipien zu einem „angemessenen" Lebensstil führen und der psychischen Gesundheit förderlich sind. Liest man allerdings die folgende Beschreibung einer Person, die in dieses Modell paßt, kann man an der „Gesundheit" einer solchen Auffassung zweifeln — die Beschreibung ist von Thomas Merton, dem bekannten, 1968 verstorbenen Trappistenmönch und Lyriker:

> „Es war eine der beunruhigendsten Tatsachen des Eichmann-Prozesses, daß ihn ein Psychiater untersuchte und für völlig normal erklärte. Ich bin von der Richtigkeit dieser Aussage fest überzeugt,

und genau deswegen finde ich sie so beunruhigend. Wenn alle Nazis psychotisch gewesen wären — wie es einige ihrer Führer zweifellos waren —, wäre ihre erschreckende Grausamkeit in mancher Hinsicht leichter zu verstehen. Es ist viel schlimmer, diesen ruhigen, ‚ausgeglichenen' Beamten zu betrachten, der gewissenhaft seiner Arbeit nachgeht, einer Verwaltungstätigkeit, die zufällig die Aufsicht über Massenmord bedeutete. Er war nachdenklich, ordentlich, phantasielos und hatte eine tiefsitzende Achtung vor System, Gesetz und Ordnung. Er war gehorsam, loyal, ein treuer Beamter eines großen Staatswesens, und er hat seiner Regierung sehr gute Dienste geleistet.

Er hat sich nicht viel mit Schuld herumgeplagt. Es ist mir nicht bekannt, daß er irgendwelche psychosomatischen Krankheiten entwickelt hätte. Anscheinend schlief er ausgezeichnet und hatte einen guten Appetit.

Ich erkenne allmählich, daß ‚Normal-sein' kein Wert oder Ziel ‚an sich' mehr ist. Es ist für den modernen Menschen ungefähr so nützlich wie die gigantischen Ausmaße für den Dinosaurier. Wenn die Menschen ein bißchen weniger „normal", ein bißchen skeptischer, sich ihrer Widersprüche und Absurditäten ein bißchen bewußter wären, gäbe es vielleicht eine Überlebensmöglichkeit. Aber wenn sie ‚normal', zu normal sind... Vielleicht müssen wir einsehen, daß es in einer Gesellschaft wie der unseren der schlimmste Wahnsinn ist, absolut ohne Angst, absolut ‚normal' zu sein."

Das hierarchische Modell läßt sich auf die griechischen Atomisten zurückführen, die zwischen Geist und Materie, Körper und Seele klar unterschieden. Im 17. Jahrhundert führte die Philosophie von *Descartes* zu einer extremen Ausbildung des Dualismus von Geist und Materie, die im Naturverständnis von *Descartes* zwei einzelne und unabhängige Bereiche bildeten. Diese Trennung, so bedeutsam sie auch für die Entwicklung von Naturwissenschaft und Technik war, hatte zahlreiche negative Folgen für die Entwicklung unserer Zivilisation. *Descartes'* berühmter Satz: *„Cogito, ergo sum"* (ich denke, also bin ich) hat dazu geführt, daß der westliche Mensch seine Identität mit seinem Verstand gleichsetzte, nicht mit seinem ganzen Sein. Als eine Konsequenz dieser Teilung fühlen sich viele Menschen „im Inneren" ihres Körpers isoliert. Geist und Körper wurden nicht nur als getrennt angesehen, dem Geist wurde auch die Verantwortung für die Kontrolle des Körpers zugeschrieben, was nicht zu bewältigen war und einen inneren Konflikt schuf. Diese innere Aufspaltung spiegelte die der Außenwelt, die als eine Vielheit von getrennten Einzelteilen angesehen wurde, deren Existenzberechtigung in ihrem Nutzen für getrennte Interessengruppen lag. Die Auffassung von der Vereinzelung all dieser Gruppen hat uns der Natur und den Mitmenschen entfremdet.

Im Gegensatz zum mechanistischen Weltbild des Westens betont die östliche Kultur die grundlegende Einheit des Universums. Die Grundlagen der gesamten östlichen Mystik sind: Konzentration auf die Entwicklung einer Bewußtheit von der Einheit und der wechselseitigen Abhängigkeit aller Dinge, Transzendierung des isolierten individuellen Selbst und Identifizierung mit einer letzten Wirklichkeit. Diese Punkte sind all den verschiedenen östlichen Schulen gemeinsam. Die Aufteilung der Natur in getrennte Objekte ist nicht deren Ausgangspunkt: Objekte werden vielmehr als fließend gesehen, als permanent in Veränderung begriffen, und Zeit und Veränderung als ihre wesentlichen Merkmale.

Es ist interessant zu beobachten, daß die moderne Naturwissenschaft, die ihren Ursprung in der cartesianischen Spaltung in Geist und Materie und in der mechanistischen Weltsicht hat, diese Zersplitterung allmählich überwindet und zu den frühen griechischen und östlichen Philosophien zurückkehrt. Dasselbe Phänomen findet sich auch in den Humanwissenschaften und bei den von der mechanistischen, fragmentarischen Weltauffassung enttäuschten jungen Menschen, die sich der organischen und ökologischen Philosophie des Ostens zuwenden. Virginia Satirs Weltbild ist in diesem Kontext von besonderer Bedeutung für all diejenigen, die neue Wege suchen, sich zu gesunden, heiteren und produktiven Menschen entwickeln wollen und die sich bewußt sind, was für ein Wunder es ist, lebendig zu sein.

Ziel ihrer Arbeit ist es, einzelnen Menschen und Familien ein Gefühl für ihre eigene Ganzheit zu vermitteln, wobei Ganzheit als das fundamentale Wesensmerkmal des Universums verstanden wird. Nach *Jan Smuts*, der Premierminister von Südafrika war und den Begriff des „Holismus" in die westliche Philosophie wieder einführte, ist die Welt „ein ganz-machendes Universum; der grundlegende Charakter des Universums ist es, aktiv Ganzheiten zu produzieren, immer komplexere Ganzheiten", wobei die menschliche Persönlichkeit die Vollendung dieser vorwärtsgerichteten Bewegung ist. Alle Menschen streben nach Ganzheit oder Vervollständigung ihrer selbst. Dabei können Blockierungen auftreten. Es ist die Aufgabe des Therapeuten, seinem Klienten bei der Beseitigung solcher Blockaden und Barrieren zu helfen.

Virginia Satir ist von der Richtigkeit der Freudschen Meinung, daß Liebe und Arbeit wesentliche Merkmale des psychisch gesunden Menschen sind, fest überzeugt. Denn für die Seele ist die Fähigkeit, Liebe zu geben und Liebe zu empfangen, genauso wichtig wie das Ein- und Ausatmen der Luft für den Körper, und Arbeit ist eine wesentliche Quelle für das Selbstwertgefühl. Weitere Merkmale für psychische Gesundheit sind das Bedürfnis nach einem Gleichgewicht zwischen körperlicher, geistiger, emotionaler und spiritueller Entwicklung, ein positives Selbstbild, die Bereitschaft, Risiken einzugehen, die neue, zunächst fremde Möglichkeiten eröffnen, ein Verständnis für den Prozeßcharakter allen Lebens, in dem Altes, Überlebtes losgelassen und Neues ausprobiert werden kann; die Fähigkeit, Ambivalenzen auszuhalten und soweit irgend möglich, man selbst zu sein. Für in diesem Sinne psychisch gesunde Menschen gelten die von Virginia Satir formulierten fünf Freiheiten:

Meine fünf unveräußerlichen Freiheiten

Zu sehen und zu hören —
was in mir ist und mit mir ist,
und nicht, was dort sein sollte,
dort war oder vielleicht sein könnte!

To see and hear
what is here,
instead of what should be,
was, or will be.

Zu sagen — was ich fühle und denke,
und nicht, was ich sagen sollte!

To say what one feels and thinks
instead of what one should.

Zu fühlen — was ich fühle,
und nicht das, was ich fühlen sollte!

To feel what one feels,
instead of what one ought.

Zu fragen — was ich möchte,
und nicht warten, warten, warten
auf Erlaubnis!

To ask for what one wants,
instead of always waiting
for permission.

Zu wagen — was mich reizt,
statt immer nur „Sicherheit" zu wählen!

To take risks in one's own behalf,
instead of choosing to be only 'secure'
and not rocking the boat.

Ich probier's einfach aus!

Wachstum und Entwicklung des Menschen

Drei unterschiedliche Faktoren beeinflussen die Entwicklung des Menschen: erstens die genetische Ausstattung, die das physische, intellektuelle und emotionale Potential sowie das Temperament bestimmt. Auf diesen Aspekt wird hier nicht weiter eingegangen. Zweitens die „Längseinflüsse", also das Resultat all dessen, was ein Mensch jemals gelernt hat, und drittens die Interaktionen zwischen Körper und Psyche.

Längseinflüsse

Längseinflüsse, das heißt die Summe aller Erfahrungen von der Geburt an, bestimmen Gedanken, Gefühle und Verhalten des Menschen. Das Lernen durch Erfahrung vollzieht sich natürlich in allen wesentlichen Bereichen des Lebens, hier allerdings liegt der Schwerpunkt auf der Darstellung von Erfahrungen in den Bereichen Identität und Personsein.

Ein Kind ist bei seiner Geburt in einer völlig anderen Situation als alle Menschen seiner Umgebung. Es ist vollkommen hilflos. Sein Überleben hängt von den Erfahrungen, Erziehungsvorstellungen und Verhaltensweisen der Menschen ab, die es versorgen, in der Regel also der Eltern. Von daher hat jeder Erwachsene, unabhängig von allen Deprivationen, unter denen er in seiner frühen Kindheit gelitten haben mag, als Säugling eine gewisse Fürsorge erhalten, denn sonst hätte er nicht überlebt. Die Eltern sind nicht nur für die Nahrung und Zuwendung, die ein Kind zum physischen und emotionalen Überleben braucht, verantwortlich, sondern auch für alles, was es in diesem frühen Stadium lernt, und für die Bilder, die es sich von der Welt macht. Das Kind lernt aus dem, was es sieht, hört und begreift. Es entwickelt ein Verständnis von der Welt über seine sinnlichen Erfahrungen.

Da es zum Wesen eines Menschen gehört, die Welt begreifen zu wollen, denkt sich das Kind Erklärungen aus für alles, was es nicht versteht. Später ergeben die bewußten und unbewußten Erinnerungen der Kindheit eine spannende Mischung aus Wahrheit und Einbildung. Das Kind verzerrt in diesem Verstehensprozeß Informationen in dem Maße, in dem die Familie dysfunktional kommuniziert. Das kann die späteren Bewältigungsfähigkeiten beeinträchtigen.

Wir können also festhalten, daß die Grundlagen für das Erwachsensein und die Beeinträchtigungen der Bewältigungsfähigkeiten in der Familie gelegt werden. Für Virginia Satir ist die primäre Triade (Vater-Mutter-Kind) die wesentliche Quelle für die Identität des „Selbst". Das Kind bestimmt auf der Grundlage der Erfahrungen in der primären Triade, welcher Art sein Platz in dieser Welt ist und wieviel Vertrauen es in die Beziehung zu anderen Menschen setzen kann. Ein Kind, das sich in den ersten Lebensmonaten häufig verlassen gefühlt hat, wird unter Umständen später nur schwer enge, intime Beziehungen zu anderen Menschen eingehen können, es sei denn, neue Erfahrungen träten an die Stelle der alten. Auch die Mechanismen zur Streßbewältigung entwickeln sich sehr früh in der primären Triade. Die meisten Streßmuster von Erwachsenen haben ihren Ursprung in der Wiege. Im 3. Kapitel werde ich diese Streßmuster genauer vorstellen.

In der primären Triade erfährt das Kind auch Diskrepanzen in der Kommunikation, also Widersprüche zwischen seinen eigenen Beobachtungen und dem, was es fühlt oder hört. Hier muß es auch zum ersten Mal inkongruente Botschaften interpretieren. Das folgende Beispiel mag als Illustration dienen: Das Kind sieht einen ärgerlichen Blick seiner Mutter und fragt: „Was ist los?" Die Mutter (deren Lebensregel lautet: Ich muß immer fröhlich sein) antwortet: „Nichts, mir geht's gut." Dann wendet sie sich ab, wahrscheinlich in dem Bemühen, den unerträglichen Konflikt zwischen dem, was sie ihrem Gefühl nach sein sollte, und dem, was sie ist, vor ihrem Kind zu verbergen. Das Kind kann sich diese beobachtete Diskrepanz auf unterschiedliche Weise erklären, z. B. so, daß es für das Unglücklichsein der Mutter mitverantwortlich ist.

Die meisten Eltern sind sich ihrer inkongruenten Botschaften nicht bewußt. Viele glauben, ihre Kinder vor negativen Botschaften schützen zu müssen, um sie nicht zu verletzen. Aber negative Botschaften, auch wenn sie eine direkte Ablehnung des Kindes beinhalten, sind weniger schädlich für seine psychische Gesundheit als gemischte Botschaften, die es nicht entziffern kann. Kinder in den ersten Lebensmonaten lernen alles (und größere Kinder immer noch das meiste) nicht aus Worten, sondern aus Stimmfärbung, Berührung und Blicken.

Es ist ein weiteres Merkmal der Triade, daß man sich in bestimmten Situationen ausgeschlossen fühlt. Meist spielt sich bedeutungsvolle Kommunikation zwischen je zwei Personen ab: Mutter-Vater, Mutter-Kind, Vater-Kind. Wenn sich ein Kind aus den Interaktionen der primären Triade ausgeschlossen fühlt, das als Ablehnung empfindet und als Ergebnis dann ein geringes Selbstwertgefühl entwickelt, richtet es sich auf ein Leben voller Frustrationen ein. Sobald es nicht selbst im Zentrum einer triadischen Interaktion steht, entsteht das Gefühl, die beiden anderen kämen auch ohne das Kind zurecht. Ein Kind, das sich von den Interaktionen der primären Triade ausgeschlossen fühlt, entwickelt nur schwer ein Selbstwertgefühl. (Das gilt natürlich auch für Mütter oder Väter mit geringem Selbstwert, aber hier geht es um die Entwicklung des Kindes.)

Die primäre Triade ist also der erste Ort, an dem Kinder etwas über Einbeziehen und Ausschließen und über ihren Platz in der Welt lernen. Diese Erfahrungen formen ihre Persönlichkeit, wenn sie nicht durch spätere Erfahrungen modifiziert werden.

Das Leben in der Triade gibt dem Kind auch ein Gefühl von Macht. Es lernt zu manipulieren, wenn sich ein Elternteil mit ihm gegen den anderen verbündet. Dieser Prozeß kann sich schon sehr früh in der

Kindheit manifestieren, wenn z. B. die Mutter meint, ihr Mann behandele den Säugling nicht richtig. Obwohl das Kind sich dessen zunächst nicht bewußt ist, bekommt es die Macht, die Beziehung der Eltern zu beeinflussen, wenn sich die Mutter zugunsten ihrer Beziehung zum Baby aus der ehelichen Dyade zurückzieht. Später wird ein solches Kind lernen, diese Macht einzusetzen, um über Bündnisse mit dem jeweiligen Elternteil seine Ziele zu erreichen.

An einem einfachen Beispiel lassen sich die komplexen Interaktionen und ihre möglichen Auswirkungen für ein Kind demonstrieren. Die meisten Kinder lutschen gern am Daumen. Nehmen wir einmal an, daß die Mutter nichts gegen das Daumenlutschen hat und sich darüber freut, wenn es dabei zufrieden ist. Das Kind spürt beim Daumenlutschen, daß die Mutter es mag. Das ist ganz offensichtlich eine Verstärkung. Aber der Vater sagt sich: „Lieber Himmel, das Kind bekommt später ganz schrecklich schiefe Zähne", und meint, er müsse ihm das Daumenlutschen abgewöhnen. Die Anwesenheit der Mutter verstärkt also das Daumenlutschen, während das Kind beim Vater spürt, daß es besser ist, den Daumen nicht in den Mund zu nehmen. Bis hierher gibt es für das Kind keinen wirklichen Konflikt. Kinder erkennen sehr leicht, daß verschiedene Menschen unterschiedliche Erwartungen haben. Erst das Daumenlutschen in Gegenwart beider Eltern ist problematisch. Dabei sind mehrere Szenarios möglich, die das Weltbild des Kindes beeinflussen können.

Beide Elternteile können z. B. übereinstimmend Meinungsverschiedenheiten ablehnen, weil sie Angst haben, sich gegenseitig weh zu tun. Der Daumen stünde also gar nicht zur Debatte.

Die Szene könnte aber auch so ablaufen: Vater sieht das Kind mit dem Daumen im Mund und sagt zu Mutter, sie solle etwas dagegen tun. Jetzt hat der Daumen also noch eine Funktion: er kann einen Streit auslösen, jedenfalls dann, wenn Mutter fragt, warum Vater nicht selbst etwas unternimmt. Es klingt zwar so, als ginge es um den Daumen, in Wirklichkeit geht es aber darum, wer wem vorschreiben darf, was zu tun ist. Jetzt wenden sich vielleicht beide Eltern dem Kind zu und sagen: „Du bringst uns in Schwierigkeiten." Das gibt dem Kind die ehrfurchterregende Macht, die Beziehung der Eltern negativ beeinflussen zu können.

Im dritten Beispiel funktioniert die Triade auf positive Weise. Der Mann sagt seiner Frau, er mache sich Sorgen wegen der Zahnarztrechnungen, die durch das Daumenlutschen auf ihn zukommen könnten. Seine Frau erwidert z. B., sie habe sich darüber noch gar keine Gedanken gemacht, sondern nur wichtig gefunden, daß der Daumen das

Kind beruhigt. Jetzt können sich die Ehepartner andere Möglichkeiten überlegen, das Kind zu beruhigen und damit das Daumenlutschen einzuschränken. Ein solcher Umgang mit dem Problem macht dem Kind nicht den Vorwurf, in die Beziehung der Eltern eingegriffen zu haben, weil es am Daumen lutscht. In anderen Worten: Das Kind wird nicht angeklagt. Außerdem lernt es aus dieser Situation, daß sich Probleme gemeinsam lösen lassen und unterschiedliche Meinungen nicht als Waffen eingesetzt werden müssen.

In der einschlägigen Literatur ist die Triade häufig negativ besetzt worden. Das zeigt sich manchmal schon in den Titeln, wie bei *Caplows* Buch „Zwei gegen einen", der die Konfrontation bereits impliziert, findet sich aber auch in den Schriften von *Bowen*, für den die drei-Personen-Familie ein vernetztes und fließendes System von dyadischen Bündnissen ist, in der das dritte Mitglied jederzeit isoliert werden kann.

Zweifellos sind in der Triade starke Kräfte vorhanden, die dazu noch in der Hand von Menschen liegen, die mit Problemen des eigenen Überlebens und der eigenen Selbstachtung kämpfen. Deshalb scheinen die Ergebnisse auch oft so negativ. Auf der anderen Seite bietet die triadische Situation die Möglichkeit starker Unterstützung, wenn drei Personen ihre Stärke zusammenlegen und so quasi einen „Korb" voll Möglichkeiten schaffen, aus dem sich alle nach Bedarf bedienen können. In gesunden Familien, in denen Selbstwert eine große Rolle spielt, sind die kooperativen Kräfte stärker als die gelegentlichen Bündnisse.

Die meisten Einzelpatienten und Familien, die in die Therapie kommen, können mit triadischen Beziehungen nicht umgehen. Es ist ein Ziel der Therapie, die Fähigkeiten zum Umgang mit der Triade wiederherzustellen. Die Eltern müssen die Bedeutung guter triadischer Beziehungen in ihrer Familie erkennen. Das bedeutet natürlich nicht, daß beide Elternteile total übereinstimmen müßten (was in jedem Fall unmöglich ist, es sei denn, einer gibt seine Autonomie völlig auf, und das wiederum führt zu einem völlig neuen Problemkreis), sondern sie müssen lernen, mit ihrer Verschiedenheit anders umzugehen. Das Beispiel hat gezeigt, daß das Problem nicht in den unterschiedlichen Meinungen der Eltern zum Thema Daumenlutschen besteht, sondern in ihrem inkongruenten Verhalten. Anders ausgedrückt: Nicht der spezifische Inhalt einer Erfahrung, sondern die mitschwingenden unterschwelligen Botschaften haben die negative Wirkung.

Bis jetzt haben wir uns nur mit der einfachsten Form des triadischen Lebens in der Familie beschäftigt, also mit der ein-Kind-Familie. Wenn andere Kinder geboren werden, potenziert sich die Komplexität der triadischen Formationen wie der Interaktionen in der Familie. Die Abbildung (*Bowen* 1972; *Caplow* 1968) zeigt, daß eine mehr als dreiköpfige Familie verschiedene ineinander verschachtelte Dreiecke bildet, die zusammen ein Gebilde ergeben, das Virginia Satir „eine Dose Würmer" nennt.

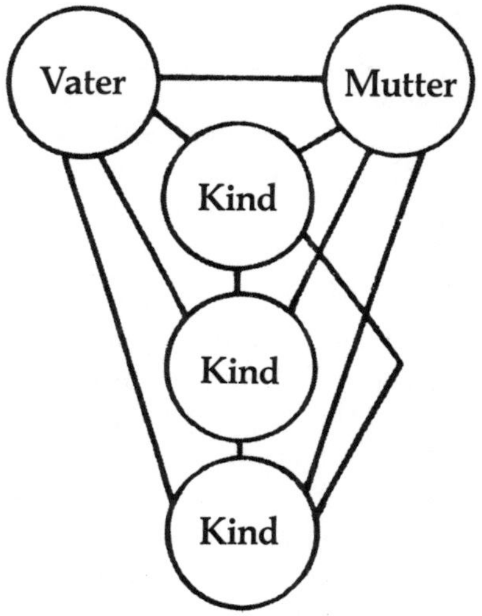

Interaktion von Körper und Psyche

Virginia Satirs Bild vom Kern einer Person, dem „Selbst", ist das Zentrum eines Mandalas. Dieses anschauliche Symbolbild besteht aus acht Elementen oder Ebenen, die interagieren und das Wohlbefinden des Menschen ständig beeinflussen — die folgenden Zitate sind Virginia Satirs Beitrag zur Festschrift für *Salvador Minuchin* entnommen:

> „Dabei handelt es sich um die physische Ebene (Körper), die intellektuelle (linke Hirnhälfte, Gedanken, Faktenwissen), die emotionale (rechte Hirnhälfte, Gefühle, Intuition), die sinnliche (Ohren — Geräusche, Augen — Sehvermögen/Bilder, Nase — Gerüche, Mund — Geschmack, Haut — taktiles Gespür, Berührung, Bewegung), die Interaktionsebene (Ich-Du, Kommunikation zwischen dem Selbst und den Anderen), die Ebene der Nahrung (Aufnahme fester und flüssiger Stoffe), die Ebene des Kontexts (Farben, Töne, Licht, Luft, Temperatur, Form, Bewegung, Raum und Zeit) und die spirituelle Ebene (Sinnfragen, Seele, Geist, Lebenskraft).

Die physische Dimension

Unser Körper ist ein wahres Wunderwerk, wie es alle menschliche Kunst nie hätte hervorbringen können. Man hat uns beigebracht, den Körper zu ignorieren, wenn er nicht gerade schmutzig, krank, zu dick oder zu dünn, zu groß oder zu klein ist. Daß wir unseren Körper auch lieben und schätzen, ihn verstehen und mit ihm kommunizieren können, ist eine Vorstellung, die gerade erst entsteht.

Wenn man seinen Körper ablehnt, ihn ignoriert oder als selbstverständlich hinnimmt, entsteht Unausgewogenheit und Disharmonie. Das wirkt sich in unterschiedlicher Weise auf den Körper, aber auch auf Gefühle, Gedanken und Handlungen aus, denn die acht Ebenen in uns gehören zusammen und beeinflussen sich gegenseitig.

Die intellektuelle Dimension

Der Intellekt hat seinen Sitz überwiegend in der linken Hirnhälfte. Das ist unser denkender Teil, der Schlußfolgerungen, Meinungen und wissenschaftliche Erkenntnisse ermöglicht. Die linke Hirnhälfte ist ein phantastischer Mechanismus zur Datenverarbeitung. Solange sie die rechte Hirnhälfte als gleichwertigen Partner akzeptiert, sorgt sie für Neugierde, Anregungen und Entdeckungen. Leider mißt die westliche Kultur den Aktivitäten der linken Hirnhälfte eine überragende Bedeutung zu. Wo es um Wissen und Gelehrsamkeit geht, also in Naturwissenschaft, Medizin, Technik usw., spielt die rechte Hirnhälfte keine Rolle, d. h. wir schränken uns ein. Nur bei Künstlern wird die Arbeit der rechten Hirnhälfte akzeptiert.

Den Frauen ist im Lauf der Geschichte immer wieder eine Unfähigkeit zu rationalem, logischen Denken nachgesagt worden. Die Männer hingegen haben die Arbeit der rechten Hirnhälfte bei sich verleugnet und die Frauen wegen ihrer Emotionalität abgewertet. Die Folge ist eine gespaltene Kultur, auf die sich viele Störungen im Geschlechterverhältnis zurückführen lassen. Aber es scheint eine Änderung eingetreten zu sein. Vielleicht beginnt ja jetzt eine Phase der Einsicht, daß alle Menschen beide Hirnhälften besitzen und daß wir sie akzeptieren und benutzen und die intellektuellen wie emotionalen Seiten gleichermaßen ernstnehmen müssen, um diese Spaltung zu überwinden.

Die emotionale Dimension

Neuere Forschungen haben gezeigt, daß die rechte Hirnhälfte (zusammen mit dem Nerven- und Hormonsystem) für die Steuerung und Wahrnehmung von Gefühlen zuständig ist. Wir erleben die Ereignisse des Lebens durch unsere Gefühle. Sie sind der „Stoff", der unserem Leben Farbe, Substanz und Klang gibt. Um von anderen akzeptiert zu werden, verleugnen, ignorieren, verzerren oder projizieren wir unsere Gefühle häufig, und das wiederum hindert uns, sie unverzerrt wahrzunehmen, und blockiert ihre Kreativität und Kompetenz. Das alles trägt zur Verarmung von Gefühlen bei. Außerdem versagen wir uns so selbst die Liebe und den Respekt, die wir von anderen so dringend bekommen möchten.

Fast alle Menschen aus dem westlichen Kulturkreis sind dazu erzogen worden, bestimmte Gefühle wie Ärger, Frustration, Liebe (außer bei dem oder der „Richtigen") und Angst zu zensieren. Deshalb werden sie ignoriert („Hab ich nicht gemerkt"), verleugnet („Das war nicht so"), verzerrt („Das ist doch etwas anderes") oder projiziert („Das ist deine Schuld"). Gefühle sind Energie, und diese Energie verschwindet nicht einfach, wenn die Gefühle nicht akzeptiert werden. Statt dessen taucht sie in anderer, destruktiver Form wieder auf: auf der körperlichen Ebene als Krankheit, auf der intellektuellen als Störung oder Begrenzung des Denkens, auf der emotionalen als Nervosität oder psychische Störung.

Die sinnliche Dimension

Die Kanäle, über die die sinnliche Wahrnehmung transportiert wird, sind kleine Wunderwerke. Sind die Sinnesorgane beeinträchtigt, funktionieren natürlich auch diese Kanäle nicht richtig, aber auch bei physisch gesunden Menschen kann es zu Schwierigkeiten kommen. Das, was wir wahrnehmen, läßt sich leicht so verzerren, daß es zu unseren Erwartungen und/oder vergangenen Erfahrungen paßt. Darüber hinaus sind diese Kanäle durch frühe Ermahnungen wie „Sieh nicht hin", „Faß nicht an" oder „Hör nicht zu" usw. beeinträchtigt. Das Ergebnis ist, daß sie nur zeitweise und selbst dann nicht vollständig funktionieren. D. h., die gegenwärtigen Bedingungen und die anwesenden Menschen werden nicht so wahrgenommen, wie sie sind, sondern wie sie sein sollten, waren oder sein werden, was selbstverständlich zu Unausgewogenheiten führt.

Die Dimension der Interaktion

Jeder Mensch stammt von zwei anderen Menschen ab und wird somit grundsätzlich in eine Gruppe hineingeboren. Darauf beruht das wohl angeborene Bedürfnis nach Kontakt mit anderen Menschen. Weil wir schutzlos, „klein", geboren werden, ist unser Verhältnis zu den Eltern, den „Großen“, von lebensentscheidender Bedeutung. Kein Kleinkind kann auf sich gestellt überleben, und wir alle mußten unser Überleben anderen Menschen anvertrauen. Schon der Säugling hat Bedürfnisse, die über die rein physische Versorgung hinausgehen. Wir hatten und haben das Bedürfnis, von anderen versorgt, geliebt und geachtet zu werden. Dadurch ist jeder von uns anderen gegenüber in einer verletzlichen Position, und das belastet unsere Beziehungen sehr. Unser Leben in der Welt macht eine vertrauensvolle und effektive Zusammenarbeit mit anderen Menschen erforderlich. Ohne diese Zusammenarbeit können wir unser Bedürfnis nach Leistung nicht befriedigen, und der Selbstwert verringert sich. Wie bereits beschrieben, haben Störungen, Unausgewogenheiten und Disharmonie in den Beziehungen zu anderen Menschen, vor allem zu Familienmitgliedern, destruktive Wirkung. Beziehungsstörungen und negative Einflüsse auf das Selbstwertgefühl resultieren aus der systematischen Verzerrung der Gefühle. Diese Unausgewogenheiten verstärken die negativen Bedingungen auf der personalen wie auf der Interaktionsebene.

Bis vor kurzem hat man diese unterschiedlichen Ebenen als separate Einzelteile betrachtet, für die jeweils Spezialist zuständig war. Diese Spezialisten hatten oftmals kein Verständnis für die Beziehung zwischen den einzelnen Teilen. Für den Körper war der Arzt zuständig, für den Verstand der Lehrer, für das Gefühl der Psychotherapeut, für die Seele der Klerus. Der Rest war Niemandsland.

Bei jedem Menschen gibt es in jedem Augenblick ein dynamisches Zusammenspiel aller acht Ebenen, so als gäbe es eine Formel A (Körper) + B (Intellekt) + C (Emotionen) + D (Sinne) + E (Interaktionen) + F (Nahrung) + G (Kontext) + H (Seele) = S (Selbst). Alle Teile addieren sich zum Selbst, obwohl das Selbst mehr ist als die Summe seiner Teile. Jeder Mensch ist ein System. Wir können zwar jeden Teil einzeln untersuchen und besprechen, aber alle Teile funktionieren nur gemeinsam, wie jedes System. Wie jede Familie.“

Lernen und Veränderung

Virginia Satirs Gedanken zu Lernen und Veränderung werden in diesem Kapitel in Hinblick auf ihre gegenseitige Beziehung, auf ihre Bedeutung für die Therapie und hinsichtlich der Prozesse, in denen sie stattfinden, dargestellt.

Ziel ihrer Arbeit ist es, die Eigenschaften zu entwickeln, die zu einem reicheren menschlichen Leben beitragen, und Schülern, Patienten oder anderen Menschen, die zu ihr kommen, bei den notwendigen Veränderungen zu helfen. Die Menschen, mit denen sie arbeitet, befinden sich auf ganz verschiedenen Ebenen: Manche kämpfen in bestimmten Lebensbereichen ums nackte Überleben und sind sehr bedürftig, andere, sehr hoch entwickelte Menschen, möchten ihr menschliches Potential erweitern. Zwischen diesen beiden Extremen sind all die angesiedelt, die zwar relativ ausgeglichen sind, aber spüren, daß sie lebendiger sein könnten.

Am einen Ende des Spektrums steht der Wunsch nach Veränderung, um weiter wachsen zu können, am anderen wird die Veränderung gesucht, um unerträglichem Leid und Verzweiflung zu entkommen. Natürlich sind Ansatz und Schwerpunkt der Veränderung in diesen Extremfällen ganz unterschiedlich, aber der Veränderungsprozeß bleibt im wesentlichen der gleiche. Alle Menschen haben ein Bedürfnis nach Kontakt zu ihrer Lebenskraft und sind bereit, die für eine Veränderung nötigen Risiken auf sich zu nehmen. Der Prozeß des Lernens und der Veränderung bedarf der Bereitschaft und Fähigkeit, auf der kognitiven, der emotionalen, der Vorstellungs- und Willensebene zu neuer Bewußtheit zu kommen. Durch die Integration dieser neuen Bewußtheit verändert sich der Mensch, weil die neue Erfahrung die alte in Frage stellt, unabhängig von den ursprünglichen Motivationen für die Veränderung.

Im folgenden sollen einige Merkmale der Prozesse von Lernen und Veränderung beim Menschen näher betrachtet werden. Nehmen wir die genetische Ausstattung eines Menschen als gegeben an, dann ist alles andere, was die Person ausmacht (Gefühle, Gedanken und Verhaltensweisen) Ergebnis des Lernens. Obwohl das Gedächtnis bei bewußtem, faktischen Material oft versagt, speichert es emotionales Wissen, besonders die Überlebensstrategien aus der frühen Triade, überraschend genau. War das Leben in der primären Triade besonders belastet, beeinflussen diese Streßmuster das ganze weitere Leben, es sei denn, sie werden durch neu Erlerntes ersetzt. Das ist im Bereich der Psychotherapie allgemein anerkannt. Vielen Therapeuten geht es jedoch mehr um das „Verlernen" als ums Lernen. Sie zielen auf den negativen Ballast, den der Patient mitschleppt, und glauben, der Patient müsse erst „verlernen", um dann Neues lernen zu können. Nach Virginia Satirs Überzeugung ist der Fokus auf das Löschen des frühen Erlernten überflüssig. Veränderung vollzieht sich durch den Prozeß der Transformation, indem bestimmte Verhaltensweisen überflüssig werden und verschwinden. Fokussiert man auf andere, sinnvollere Bewältigungs- oder Umgangsweisen, dann benutzt sie der Klient allmählich, und die alten verkümmern, weil sie nicht mehr benutzt werden.

Nach Virginia Satir wird der Prozeß des Lernens durch die Unterstützung seiner Risikobereitschaft und -fähigkeit verstärkt. Das heißt nicht, daß Lernen immer angenehm wäre. Es gibt immer Zeiten der Entmutigung und Verzweiflung, und der Therapeut oder Lehrer braucht oft viel Kraft, um den Widerstand gegen Wachstum und Veränderung überwinden zu helfen.

Diese Ansicht ist die logische Konsequenz des Wachstumsmodells, denn wenn man davon ausgeht, daß Kinder nicht „böse" geboren werden, gibt es keinen Grund, ihre ursprüngliche Natur zu unterdrücken. Hier steht Virginia Satir in der Tradition der philosophischen und pädagogischen Schulen, die davon ausgehen, daß jedes Kind, dessen Neugier nicht unterdrückt wird, lernen will.

Virginia Satir respektiert und akzeptiert die je individuellen Unterschiede. Menschen, die mit neuen Verhaltensweisen konfrontiert sind, sollen sich das aussuchen, was für sie richtig ist, und alles andere zurückweisen. Der Lernprozeß ist im wesentlichen eine Entdeckung oder, genauer gesagt, eine Neuentdeckung von Wissen, das man schon in sich trägt — Wissen, von dem man nicht weiß, daß man es weiß —, und die Antworten findet der Mensch, der fragt, bereits in sich vor. Die Antwort, die ein Mensch oder eine Familie findet, ist unter Umständen nur für ihn selbst und für sonst niemanden richtig. Die Rolle des Therapeuten oder Lehrers ist es also, mit strategischen Fragen Schüler oder Klienten dahin zu bringen, die eigenen Antworten zu finden. Das entspricht dem sokratischen „mäeutischen" Lernprozeß, in dem der Lehrer (wie eine Hebamme bei der Geburt) dem Schüler hilft, die Gedanken hervorzubringen, die in ihm stecken. Es ist unglaublich spannend, mit dem, was man immer schon wußte, ohne es jedoch zu wissen, Kontakt herzustellen.

Bis hierher ging es um das Begriffssystem für Virginia Satirs therapeutische Konzepte, also ihr Menschenbild und die Bedingungen für die Entwicklung des menschlichen Potentials, ihre Ansichten über Wachstum und Entwicklung des Menschen als Teil der Familie und als ganzheitliches System und schließlich über Lernen und Veränderung. In den folgenden Kapiteln geht es nun um die Frage, wie diese Konzepte in der therapeutischen Arbeit umgesetzt werden.

2 Therapieziele

Dieses Kapitel untersucht, welche Ziele Virginia Satir bei ihrer Arbeit mit Familien oder anderen, am Wachstum interessierten Gruppen verfolgt und wie sich diese Ziele auf den diagnostischen Prozeß auswirken.

Therapieziel ist die Erweiterung der in jedem liegenden Möglichkeiten, sich auf Lebendigkeit und Verwirklichung seines Menschseins hin zu entwickeln. In der Familientherapie ist es ihr Ziel, die Bedürfnisse jedes einzelnen Familienmitgliedes nach unabhängigem Wachstum einerseits und die Einheit des Familiensystems andererseits zu integrieren.

Familien kommen in die Therapie, weil ein Problem, das sie nicht allein bewältigen können, Frustration, Verzweiflung und Schmerz hervorruft. Meist wird die Therapie von Außenstehenden (Juristen, Ärzte) empfohlen.

Virginia Satirs Arbeit zielt darauf ab, die Fähigkeiten der Familie zu neuer Hoffnung, zur neuen Entdeckung alter oder zur Entwicklung neuer Träume wiederherzustellen. Wenn die Familienmitglieder nicht von Anfang an spüren, daß das Leben auch andere Möglichkeiten bietet, werden sie die positive Energie, die für eine Veränderung nötig ist, nicht aufbringen. Liegt das Schwergewicht auf der Hoffnung, kann der Therapieprozeß mit positiven Gefühlen begonnen werden, während die primäre Orientierung am Problem negativ wahrgenommen wird und für Klienten wie Therapeuten eher deprimierend ist.

Das Aufzeigen neuer Möglichkeiten, Situationen zu betrachten und mit ihnen umzugehen, führt zum zweiten Therapieziel: der Stärkung und Erweiterung der Bewältigungsfähigkeiten der einzelnen Familienmitglieder. Hier liegt der Schwerpunkt eher auf dem Prozeß der Bewältigung als auf bestimmten Problemen. Jeder Mensch wird in seinem Leben mit Problemen konfrontiert, die es zu bewältigen gilt. Aber Therapeuten treffen selten auf Menschen, die ihre Probleme effektiv bewältigen, und so scheint es oft naheliegend, nicht die mangelnde Bewältigungsfähigkeit, sondern das Problem selbst als Ursache des Übels anzusehen. Für Virginia Satir ist ein Problem nur das Eingeständnis der Unfähigkeit, es zu bewältigen. Jemand anderes in vergleichbarer Situation mit einem anderen Bewältigungsmuster wird das Problem unter Umständen gar nicht als solches wahrnehmen. Die Aufgabe des Therapeuten besteht also darin, mit den Bewältigungsmustern der einzelnen Familienmitglieder zu arbeiten, so daß sie schließlich selbst entscheiden können, was gut für sie ist.

Die Therapieziele der Entwicklung von Bewältigungsfähigkeiten und neuer Hoffnung deuten den Therapieprozeß für die Klienten in positiver Richtung um. Virginia Satir sagt:

> „Ich hoffe, daß jede Sitzung für jedes einzelne Familienmitglied neue Ausblicke ermöglicht, durch die er oder sie sich besser fühlt und Fähigkeiten zum kreativeren Umgang mit den anderen gewinnt. Und wenn ich sage, daß ich mich mit dem Bewältigungsprozeß und nicht mit dem Problemlösungsprozeß beschäftige, meine ich nichts anderes als das... Ich versuche nicht, ein spezifisches Problem zu lösen wie etwa: Sollen sie sich scheiden lassen oder ein Kind bekommen? Meine Arbeit besteht darin, den Klienten zu einem anderen Bewältigungsprozeß zu verhelfen. Ich halte mich selbst nicht für so weise, daß ich sagen könnte, was für andere das beste wäre. Soll die Ehefrau ihre Schwiegermutter auffordern, auszuziehen? Soll sie den Auszug *fordern*? Soll sie ihren Mann verlassen, wenn die Schwiegermutter nicht geht? Es steht mir nicht zu, diese Fragen zu beantworten. Meine Aufgabe ist es, jedem einzelnen bei seinen Bewältigungsfähigkeiten zu helfen, damit er oder sie entscheiden kann, was für ihn oder sie richtig ist." (*Satir* 1983)

Ein anderes Therapieziel ist es, den Klienten bewußt zu machen, daß sie die Fähigkeit haben, zu wählen — in den Bereichen der Alltagsinteraktion wie bei wesentlichen Entscheidungen über die Gestaltung ihres Lebens. Dieses Ziel verbindet sich mit den vorher beschriebenen, weil die Bewußtheit und Erkenntnis der Möglichkeit zu wählen zu dem Gefühl beiträgt, kompetent und zur Bewältigung von Problemen fähig zu sein.

Die Verlagerung des Fokus von der Problemlösung zu den Bewältigungsfähigkeiten beeinflußt auch die Art, wie Virginia Satir Symptome begreift und ihre Diagnose entwickelt. Sie untersucht im diagnostischen Prozeß das Leben eines Klienten oder einer Familie mit dem Ziel, die darunterliegende Dynamik zu verstehen, die zu dem Problem oder der Verletzung geführt hat. Unter diesem Blickwinkel kann man ein Symptom als den Versuch eines Menschen betrachten, sich einem von ihm als fremd, feindlich oder vergiftet erlebten System anzupassen und darin zu überleben.

Man kann die Symptome eines Menschen oder einer Familie auch als die Manifestation eines gravierenden Mangels sehen. Wenn jemand hungert, egal auf welcher Ebene, und glaubt, keine Reserven mehr zu haben, greift er nach allem, was Nahrung verspricht. Manche Menschen töten, stehlen, verletzen sich selbst, greifen andere an oder betrügen, um ihren Schmerz oder ihre Angst zu verringern. Für andere ist das kein Weg, sie greifen zu anderen Methoden — Drogen, Alkohol, psychische oder physische Krankheiten —, mit denen sie den Hunger aus ihrem Bewußtsein verbannen. Andere fühlen sich in manchen Situationen so hilf- und bedeutungslos, daß sie sich umbringen.

Virginia Satir führt aus:

„Für mich läßt sich ein Symptom mit einer Warnlampe im Auto vergleichen. Wenn das Licht angeht, heißt das, daß das System, das das Auto antreibt, an irgendeiner Stelle nicht gleichmäßig läuft, irgendein Teil ist leer, kaputt oder beeinträchtigt, irgendetwas oder gleich mehrere Teile stehen vor dem Zusammenbruch. Bricht ein Teil zusammen, ist das ganze System beeinträchtigt. Wie in einer Familie.

Genauso betrachte ich die Familie oder den Klienten. Mir geht es darum, die Botschaft der roten Lampe zu verstehen und herauszufinden, auf welche Weise sich die Familienmitglieder erschöpfen, blockieren oder sich und andere verletzen. Meine Behandlung ist darauf gerichtet, diese blockierte Energie freizusetzen und umzulenken, d.h. ich arbeite mit ihrer Selbstachtung, ihren Kommunikationsformen und mitmenschlichen Regeln, so wie sie sich auf die acht Ebenen des Selbst beziehen.

Mein Schwerpunkt besteht darin, auf allen Ebenen Gesundheit zu entwickeln und freizusetzen. Ist das erreicht, ist das Symptom nicht mehr nötig und verkümmert, weil es nicht mehr benutzt wird. Familienregeln können zu humanen Richtlinien werden, die menschliche Gesundheit, Wachstum, Glück und Liebe unterstützen, zu flexiblen Leitlinien anstelle starrer Regeln, d. h. zu einem harmonischen Zusammenspiel aller Ebenen des Selbst und zwischen dem Selbst und den anderen Familienmitgliedern."

Zusammenfassend kann man sagen, daß die Ziele der Satirschen Therapie mehr in der Entwicklung von Gesundheit als im Aufheben von Symptomen, in der Transformation der in der demonstrierten Pathologie einer Familie oder eines Einzelnen aufgestauten Energie zu sinnvollen Zwecken liegen. Virginia Satir nennt diesen Ansatz das „Selbstwert-Prozeß-Modell". Ihre Ziele basieren auf dem bereits beschriebenen holistischen Prinzip von Transformation und Atrophie:

Wenn der Prozeß, der zur Symptomentwicklung geführt hat, geändert werden kann, wird sich das Symptom auflösen. Ein gesunder Mensch braucht kein Symptom. Man muß nichts beseitigen — der Prozeß kommt hinzu.

Man kann das mit dem Betreten eines dunklen Zimmers vergleichen: drückt man auf den Lichtschalter, ist die Dunkelheit weg. Man hat also nur das Licht hinzugefügt, ohne etwas wegzunehmen. Virginia Satir illustriert das in der Festschrift für *Salvador Minuchin* mit folgendem Beispiel:

> „Stellen Sie sich ein Rad vor, mit einer Nabe in der Mitte und Speichen hin zur Felge. Die Speichen stehen für die verschiedenen Anteile, die Felge für die Grenzen eines Menschen.
>
> Orientiert man sich am Krankheitsbild, liegt der Schwerpunkt auf der Pathologie/dem Symptom, also der Nabe, und macht diese zum Zentrum der Aufmerksamkeit. Auf diese Art konzentriert man sich nur auf das, was destruktiv oder symptombezogen ist. In einem an Gesundheit orientierten Ansatz ist die Nabe die potentielle Gesundheit des Menschen — sie ist da, aber ungenutzt, verdeckt und deshalb für den Menschen nicht erreichbar. Hier ist das Symptom dann der Versuch, diese Gesundheit auszudrücken, obwohl die Manifestation der Gesundheit durch Ansichten und Regeln unterdrückt wird."

Es gibt in der Familientherapie gelegentlich Situationen, wo die Therapieziele für die ganze Familie mit denen eines oder mehrerer Familienmitglieder in Konflikt geraten. Es stellt sich z. B. heraus, daß es für die Bedürfnisse der Familie als ganzes besser sein kann, wenn ein Kind oder Elternteil mindestens zeitweilig aus der Familie herausgenommen wird. Das bedeutet keineswegs ein Mißlingen der Therapie, sondern heißt nur, daß für das ursprüngliche Ziel der Integration der Familie ein solcher Schritt besser ist. Die Bedürfnisse eines behinderten Kindes nach besonderer Pflege oder seine speziellen Grenzen z. B. können so destruktiv sein, daß die Einheit der Familie bedroht ist. Dieses Beispiel zeigt auch, wie notwendig es ist, die Therapieziele im Verlauf des Therapieprozesses immer wieder zu überprüfen. Wenn man die Einheit des Familiensystems und die Bedürfnisse jedes Familienmitglieds nach unabhängigem Wachstum integriert, kann die Familientherapie ihr generelles Ziel der Erweiterung des individuellen Entwicklungspotentials letztlich erreichen.

3 Systemdiagnose und Intervention

Beobachtet man Virginia Satir bei der Arbeit, ist die Kunst, mit der sie ihr Repertoire einsetzt, die menschliche Wärme im Kontakt und die Entfaltung der Anwesenden so überwältigend, daß man nur schwer begreift, daß sie gleichzeitig wesentliche Daten sammelt und das Familiensystem beobachtet. Dieses Kapitel beschreibt die Gebiete, die sich Virginia Satir zugänglich macht, um dem auf Symptomen basierenden Familiensystem eine dem Wohlbefinden förderlichere Grundlage zu geben.

Systemdiagnose und Interventionen spiegeln im Satirschen Ansatz der Familientherapie die Tatsache wider, daß die Familie ein System ist. D. h., jeder Teil steht so zu den anderen in Beziehung, daß eine Veränderung beim einen eine Veränderung aller bewirkt. In einer Familie beeinflußt jeder und jedes alle anderen Personen, Ereignisse und Dinge und wird wiederum beeinflußt. Deshalb ist es für eine Einschätzung der Familie wesentlich, die Vielzahl der Reize und Wirkungen innerhalb des jeweiligen Systems zu erkennen.

Es lassen sich grundsätzlich zwei Typen von Systemen unterscheiden: das *offene* und das *geschlossene.* Im geschlossenen System sind die Informationen über und aus der Außenwelt sehr begrenzt, und die Reaktionen auf Situationen sind kreisförmig und automatisch und ignorieren Veränderungen im Kontext. Im offenen System werden Reaktionen und Interaktionen von Veränderungen im Kontext oder von neuen Informationen beeinflußt.

Die Begriffe „offen" und „geschlossen" bezeichnen hier Extreme, die es in der Realität so nicht gibt. Kein menschliches System kann ohne Austausch mit der Umwelt existieren. Umgekehrt reduziert auch ein offenes Familiensystem zeitweise den Austausch mit der Außenwelt.

Geschlossene Familiensysteme funktionieren nach rigiden, unverrückbaren Regeln, die auf einen bestimmten Kontext angewandt werden, unabhängig davon, ob sie dazu passen. Obwohl diese Regeln oft überholt sind, ist die Anpassung an sie wichtiger als die Bedürfnisse der einzelnen Familienmitglieder.

Macht, neurotische Abhängigkeit, Gehorsam, Deprivation, Konformität und Schuld sind im geschlossenen System beherrschende Faktoren. Es kann keine Veränderung zulassen, weil sie das Gleichgewicht stören würde. Natürlich gibt es dabei in den einzelnen Familien Unterschiede, aber viele Menschen ziehen die Sicherheit des bekannten Übels den Risiken des Unbekannten vor.

Die Mitglieder in geschlossenen Systemen bleiben ignorant und begrenzt und lassen sich von Strafe, Schuld und Dominanz beherrschen. Ihr Selbstwert wird zunehmend in Frage gestellt und ist immer mehr auf Verstärkung von außen angewiesen. Ein solches System muß irgendwann zusammenbrechen, weil irgendeins seiner Mitglieder an die Grenzen seiner Bewältigungsfähigkeiten stößt. Dann entwickeln meist ein oder mehrere Mitglieder Symptome.

Für ein offenes System sind Wahlmöglichkeiten und Flexibilität charakteristisch, bis hin zu der Möglichkeit, das System eine Zeitlang zu schließen. Selbstwert ist ein wesentlicher Faktor; jedes Familienmitglied erlebt ein Gefühl von Macht oder Kontrolle über sein eigenes Schicksal.

Der Schlüssel zu einem gesunden und offenen System ist die Fähigkeit, sich innerhalb eines veränderten Kontextes ebenfalls zu verändern und diese Tatsache zu akzeptieren. Zudem erlaubt es den vollen Ausdruck und die volle Akzeptanz von Hoffnungen, Ängsten, Liebe, Ärger, Frustration und Fehlern. Anders ausgedrückt: die ganze Bandbreite unseres menschlichen Wissens kann gegenwärtig sein ohne Bedrohung und ehrlich ausgedrückt werden ohne Angst vor Demütigung oder Ablehnung.

Natürlich gibt es im offenen wie im geschlossenen System verschiedene Abstufungen, aber es gibt in Familien eine Tendenz zur einen oder anderen Richtung. Virginia Satir führt das in der Festschrift für *Salvador Minuchin* aus:

> „Alle Familiensysteme dienen dem Schutz und der Organisation ihrer Mitglieder. In geschlossenen Systemen, die überwiegend mit Furcht arbeiten, werden die Ressourcen als begrenzt erlebt. Diese Menschen leben in einer feindlichen Welt, in der Liebe nach Geld, Bedingungen, Macht und Status berechnet wird. In offenen Systemen, die mit Liebe und Verständnis arbeiten, werden Ressourcen als immer gegenwärtige Möglichkeiten betrachtet. Hier leben die Mitglieder in voller Menschlichkeit mit Vertrauen, Humor, Flexibilität und auf dem Boden der Realität. Probleme sind Herausforderungen, die es zu bestehen gilt, und nicht Dinge, von denen man besiegt wird. Dazu gehört auch, sich nötigenfalls Hilfe suchen zu können.

Was passiert also, wenn ein Mitglied eines Systems in Schwierigkeiten ist? Ein böser Junge oder ein böses Mädchen wird nicht geboren. Geboren werden Menschen mit Möglichkeiten. Es muß also etwas verleugnet, projiziert, ignoriert oder verzerrt worden sein, damit er oder sie ein böses, krankes, dummes oder verrücktes Kind oder Erwachsener wird. Wie das vor sich geht, kann ich zwar leicht erklären, aber nur schwer ändern.

Ein Mensch ist schlicht das Ergebnis all der — absichtlichen oder unbewußten — Transaktionen zwischen dem Kind und ihm/ihr und den anderen Familienmitgliedern, vor allem mit den Erwachsenen, die die Macht über psychisches Überleben oder Sterben vom Augenblick der Zeugung bis zur Gegenwart in der Hand hatten. Säuglinge sind faszinierend aufnahmefähig für die Überzeugungen ihrer Eltern und der Gesellschaft, deren Teil sie sind.

Die Menschen sind bereit, jeden Preis zu zahlen, um sich geliebt und zugehörig zu fühlen, sich verständlich zu machen und das Gefühl haben zu können, wichtig zu sein, auch wenn der geforderte Preis viel zu hoch ist. Das Selbst paßt sich an fast alles an. Genau deswegen kann ein geschlossenes System so lange intakt bleiben."

Selbstachtung / Selbstwert

Auf der Grundlage ihrer Erfahrung mit zahllosen Familien konzentriert Virginia Satir ihre Aufmerksamkeit auf die folgenden Bereiche: den Selbstwert des einzelnen Familienmitglieds, die Kommunikationsmuster in der Familie und die Familienregeln.

Selbstwert oder Selbstachtung ist der Wert, den ein Mensch sich selbst zumißt, die Liebe und Achtung, die er für sich aufbringt, unabhängig davon, wie andere ihn sehen. Ein Mensch mit niedrigem Selbstwert ist ängstlich und unsicher und über die Maßen mit dem beschäftigt, was andere über ihn denken. Diese Abhängigkeit von anderen blockiert sein Leben.

Niedriger Selbstwert ist nicht dasselbe wie Niedergeschlagensein. Man kann sich auch mit hohem Selbstwert entmutigt, traurig oder verzweifelt fühlen. Solche Gefühle werden aber dann zu geringem Selbstwertgefühl, wenn man sich wertlos fühlt, aber unfähig ist oder zuviel Angst hat, dieses Gefühl zu akzeptieren. Mit anderen Worten: Geringer Selbstwert hängt damit zusammen, wie weit man solche Gefühle bei sich selbst zuläßt oder ob man eher das Bedürfnis hat, sie verbergen zu müssen.

Niedriger Selbstwert in einer Familie ist ansteckend. Ein Mensch mit geringem Selbstwert sucht sich oft einen ebensolchen Ehepartner. Ihre

Beziehung basiert auf dem Ignorieren innerer Gefühle, und jeglicher Streß verringert geringen Selbstwert noch mehr. Kinder, die in einer solchen Umgebung aufwachsen, können kein Selbstwertgefühl entwickeln.

Für Virginia Satir ist positiver Selbstwert die Grundlage für die psychische Gesundheit des Individuums wie der Familie. Ein Mensch mit hohem Selbstwert achtet alle Aspekte des Lebens, und das befähigt ihn, seine Energie für sich selbst wie für andere positiv einzusetzen. Aber auch das Gegenteil stimmt: Niedriger Selbstwert hat in der Geschichte der Menschheit die destruktivsten Auswirkungen gehabt.

Die meisten Probleme, die Einzelklienten wie Familien in die Therapie einbringen, hängen letztlich mit geringem Selbstwert zusammen. Deswegen ist es so wichtig, daß der Therapeut sie auf den Selbstwert hin untersucht. Außerdem ist das Anheben des Selbstwerts der einzelnen Familienmitglieder ein wesentlicher Fokus für die Intervention.

Ein Problem erhält seine Bedeutung erst über die Betroffenen; das Problem „an sich" ist bedeutungslos. Ist der Vater z. B. an den Rollstuhl gefesselt, dann werden sich die anderen Familienmitglieder dem anpassen müssen und die Familienaktivitäten manchen Einschränkungen unterworfen sein, aber zum Problem wird es erst dann, wenn sich der Vater dafür schämt oder sich nicht mehr als vollwertiger Mensch fühlt oder wenn sein Zustand die Gefühle der anderen Familienmitglieder für ihn oder für sie selbst beeinflußt. Die Behinderung an sich ist noch kein Problem, sie wird es erst, wenn die Familie sie dazu macht. Das gilt für viele schwierige Situationen, mit denen eine Familie konfrontiert sein kann. Auf der anderen Seite trägt niedriges Selbstwertgefühl bei einem oder mehreren Familienmitgliedern wesentlich zu vielen Familienproblemen bei, z. B. zu Drogenmißbrauch, Gewalt gegen die Ehefrau und Kriminalität. Dasselbe Ereignis kann also bei den einen Selbstwertprobleme aktivieren und bei den anderen nicht. Tatsache bleibt nur, daß die Beeinträchtigung des Selbstwertgefühls, egal aus welchen Gründen, eine unheimliche Erfahrung ist und das psychische und/oder physische Überleben bedroht. Wenn man sich nicht bewußt ist, was da abläuft, wehrt man sich gegen dieses Gefühl. Anstatt es zu akzeptieren, klagt man an, beschwichtigt, rationalisiert im Übermaß oder lenkt ab, trinkt, rennt weg, wird krank usw.

Um den Selbstwert der einzelnen Familienmitglieder zu erkunden, muß der Therapeut seine visuelle Beobachtungsfähigkeit einsetzen, um zu sehen, wie sich die einzelnen Familienmitglieder darstellen und wie sie nonverbal kommunizieren, wie auch seine auditorischen Fähigkeiten, um Inhalt und Prozeß der verbalen Kommunikation zu erfahren. Wenn man die Bedeutung, die das dargestellte Problem für den Selbstwert hat, verstehen und damit arbeiten will, braucht man schon viel Geschick, weil fast jeder starke Abwehrmechanismen entwickelt hat, um die Bereiche niedrigen Selbstwertgefühls vor sich und anderen zu verbergen. Trotzdem muß man unbedingt diese Bedeutung der Probleme für die einzelnen Familienmitglieder zugänglich machen, denn eine Arbeit, die sich ausschließlich an der Problem- oder Abwehrebene orientiert, kann das Schlüsselthema nicht erreichen.

Kommunikationsmuster

Die zweite grundlegende Komponente für das Funktionieren einer Familie ist die Kommunikation. Die Bewertung der allgemeinen Kommunikationsmuster der Familie gibt dem Therapeuten Informationen darüber, wie die Familienmitglieder ihre Beziehungen untereinander erleben, wieweit sie Nähe und Intimität ausdrücken können, wie Informationen weitergegeben werden, welche Bedeutung sie der Kommunikation zumessen, und wie sie sich ganz allgemein entsprechend verbal äußern können. Wirkliche Kommunikation ist ein so wichtiger Faktor für ein gesundes Familienleben, daß die Veränderung des familiären Kommunikationsprozesses ein wesentlicher Fokus für die Therapie sein muß. In der Regel wollen Menschen sich mitteilen, aber es fehlt ihnen oft das notwendige Handwerkszeug.

Kommunikation ist dann funktional, wenn der Sprecher etwas klar und direkt feststellt oder fordert, wenn sowohl Sprecher wie Hörer verdeutlichen und einordnen können, was sie sagen bzw. hören, und wenn ein Feedback möglich ist. Absicht und Ergebnis der Mitteilung passen zusammen, und wenn das nicht der Fall sein sollte, ist eine Klärung möglich.

Direktheit/Indirektheit

In dysfunktionalen Familien ist die Kommunikation indirekt, undeutlich und nur selten zu klären. Wenn eine Erfahrung mitgeteilt wird, sind die Aussagen meist unvollständig, verzerrt oder unzulässig generalisiert. Der Familientherapeut muß hier mit Fragen nach den Auslassungen, Ungenauigkeiten und überzogenen Verallgemeinerungen intervenieren (vgl. Teil I, Kommentar 98). Durch das Bewußtmachen der dysfunktionalen Kommunikation und das Lernen neuer Kommunikationsmuster können schmerzhafte innere Repräsentationen verändert werden.

Nominalisierung

Ein weiterer dyfunktionaler Kommunikationsprozeß ist die *Nominalisierung.* Aktive Teile einer Erfahrung werden in statischen Begriffen wiedergegeben. Statt „ich bin verwirrt“ heißt es „Ich erlebe Verwirrung“. Das macht den Prozeß „verwirrt sein“ (Verb) zu einem statischen Ereignis (Substantiv). Unterstützt der Therapeut die Denominalisierung des Sprechers, macht er die Erfahrung von Bewegung und Fließen wieder möglich, die wesentlich zu der Vorstellbarkeit von Veränderung beiträgt.

Teil-Äquivalenz

Der dritte dysfunktionale Prozeß wird „Teil-Äquivalenz“ genannt. Dabei setzt man einen Teil des Verhaltens eines Menschen mit einer ganzen Kommunikation gleich und gibt das als eigene innere Erfahrung aus. So bezieht man sich z. B. nur auf das Stirnrunzeln eines Familienmitglieds und nimmt Verhaltensweisen oder verbale Äußerungen, die zusätzliche Informationen enthalten, nicht zur Kenntnis (vgl. Caseys Interpretation von Margies Grinsen, Kommentar 108 und 109). Oder man fühlt sich verletzt, wenn der andere den Blick abwendet, weil man das als mangelnde Aufmerksamkeit empfindet (vgl. Kommentar 91).

Repräsentationssysteme

Auch die Unterschiede in den Repräsentationssystemen können Ursache von Fehlkommunikation sein. *Bandler* und *Grinder* haben beschrieben, daß Erfahrung in drei sinnlichen Kanälen repräsentiert werden kann: Sehen, Hören und Kinästhesie. Die meisten Menschen benutzen überwiegend einen dieser Kanäle. In dem obigen Beispiel könnte derjenige, der den Blick abwendet, durchaus ein auditiver Typ sein, dessen Konzentration durch Blickkontakt abgelenkt wird, während der andere vielleicht ein visueller Typ ist, der ohne Blickkontakt nicht kommunizieren kann. Der Therapeut kann den Familienmitgliedern diese Unterschiede bewußt machen und ihnen so helfen, sie positiv bewerten zu lernen.

Die Kommunikationshaltungen

Schließlich spiegelt die Art und Weise, in der Familienmitglieder miteinander kommunizieren, ihr Selbstwertgefühl wider und liefert so zusätzliche Informationen über die Dysharmonie und die Dysfunktionen im Familiensystem. In Familien, in denen das Problem des geringen Selbstwerts in bestimmten Bereichen immer wieder auftritt, verhindert die Angst, verletzliche Bereiche offenzulegen, oder die Angst vor Liebesentzug die klare Kommunikation von Gefühlen oder persönlichen Problemen. Hauptziel der Kommunikation wird die Bestätigung durch andere. Ein Mensch mit geringem Selbstwertgefühl ist mit seinem emotionalen Überleben beschäftigt, deshalb gilt seine Hauptsorge in der Kommunikation mit anderen der Angst, etwas von sich zu zeigen. Wenn die Kommunikation dazu dient, sich zu verstecken und zu schützen, bleiben Gefühl und Verhalten inkongruent.

In ihrem Buch „Selbstwert und Kommunikation" beschreibt Virginia Satir vier dysfunktionale Kommunikationsformen: die versöhnliche (placating), die anklagende (blaming), die rationalisierende (computing) und die irrelevante (irrelevant). Das sind unterschiedliche Möglichkeiten, die Realität der eigenen Gefühle vor sich und den anderen zu verbergen. Der Versöhnliche versteckt seine Verletzbarkeit, indem er anderen zu gefallen sucht. Er sagt nicht deshalb ja, weil er es fühlt, sondern weil sein emotionales Überleben davon abhängt. Er fühlt sich wertlos, aber wenn er tut, was man von ihm erwartet, wird er wenigstens nicht abgelehnt. Der Ankläger versucht, andere zu kontrollieren, und ist grundsätzlich anderer Meinung, dadurch kann er sich trotz seiner inneren Einsamkeits- und Versagensgefühle wichtig fühlen. Für den Rationalisierer wird jeder Aspekt des Lebens zu einer intellektuellen Erfahrung, die das innere Selbst umgeht und die Betäubung jedes Gefühls garantiert. Alles wird zum „es". Diese Haltung vermittelt Distanz und Kontrolle nach außen, das innere Gefühl ist aber von Verletzlichkeit geprägt. Der Irrelevante schließlich geht mit Streß um, indem er so tut, als gäbe es ihn nicht. Er orientiert sich ständig auf etwas anderes, weg vom gegenwärtigen Kontext und weg von Gefühlen. Innerlich fühlt er sich entfremdet und vernachlässigt.

Die meisten Menschen benutzen diese Kommunikationsformen abwechselnd, obwohl in der Regel jeder seine bevorzugte Haltung hat. Benutzt jemand dieselbe Kommunikationshaltung in chronischem Maße, entwickeln sich u. U. körperliche Symptome. Der Beschwichtiger z. B. neigt zu Beschwerden im Verdauungstrakt, der Anklagende zu Gewebs- und Muskelbeschwerden, beim Rationalisierer kommt es zu Störungen im Flüssigkeitshaushalt und beim Irrelevanten im zentralen Nervensystem.

Zwischenmenschliche Interaktionen, in denen diese Kommunikationshaltungen benutzt werden, haben einen systemischen Aspekt: Keine dieser Haltungen kann ohne die Unterstützung einer anderen funktionieren. Es muß außerdem festgehalten werden, daß diese Überlebensreaktionen nicht zur genetischen Ausstattung des Menschen gehören. Sie sind erlernt und haben ihren Anfang in der Wiege, in der primären Triade, in der das Überleben des Säuglings völlig von seinen Eltern abhängig war.

Die Einschätzung dieser Haltungen und der Kommunikationsformen einer Familie liefert die Richtlinien für die therapeutische Intervention. Der Therapeut bestärkt die einzelnen Familienmitglieder darin, ihre Gedanken und Gefühle zu akzeptieren, sie als zu ihnen gehörig zu respektieren und dann zu wählen, auf welche Weise sie sie ausdrücken wollen, und fördert so eine kongruente Kommunikation. Sowohl der Versöhnliche wie der Anklagende braucht Unterstützung, um die Beschränkungen begreifen zu können, die die Abhängigkeit ihres Selbstwertgefühls von der Meinung anderer Leute ihnen auferlegt. Der Rationalisierer stellt in der Regel die größte Herausforderung dar, weil er sich so stark gegen seine Gefühle schützt. Ihm muß man Gefühle über das Erleben seiner eigenen Lebenskraft quasi „einflößen". Der Irrelevante muß lernen, auf die Realität der eigenen Gefühle, der der anderen und den Kontext der jeweiligen Situation zu fokussieren.

Für Virginia Satir sind diese Kommunikationshaltungen nicht starr und unveränderbar. Sie können durch den Prozeß von Transformation und Atrophie „erneuert" werden. Der Beschwichtiger z. B. gibt sich innerlich fortwährend die destruktive Botschaft, ohne die Zustimmung der anderen zähle er selbst nicht viel. Wenn man ihm zeigt, wie, dann kann er seinen Wunsch, anderen zu gefallen, in Zärtlichkeit und Mitleid verwandeln. Er wird sich seiner Wahlmöglichkeiten bewußt, anstatt automatisch so zu reagieren, daß er immer allen gefällt.

So wird auch die anklagende Haltung in die Fähigkeit zur Selbstbehauptung transformiert. Jeder Mensch muß sich durchsetzen können, aber nicht automatisch und immer, sondern realistisch. Rationalisieren wird zum kreativen Umgang mit Intelligenz. Es macht Spaß, seine Intelligenz zu benutzen, aber es ist langweilig und führt zu Isolation, wenn man sie nur zum Selbstschutz einsetzt. Die irrelevante Haltung läßt sich in die Fähigkeit zu Spontaneität und Humor transformieren.

Inkongruenz manifestiert sich in der Diskrepanz zwischen verbaler und nonverbaler Botschaft. Der Therapeut muß also sehr genau auf subtile äußere Anzeichen wie Veränderungen in Tonfall, Hautfarbe, Atmung, Gesichtsausdruck, Haltung und Gestik achten. Fällt dabei irgendetwas aus dem Rahmen, versucht er, das zu klären, und hält so den therapeutischen Prozeß in Gang, denn der Klient kommt in Kontakt mit Gefühlen, deren er sich vorher nicht bewußt war.

Zusammenfassend läßt sich feststellen: die meisten Familien, die kongruent kommunizieren, können auftauchende Probleme bewältigen. Die Hilfe, die sie in einem bestimmten Bereich vielleicht brauchen, können sie annehmen, ohne daß eine größere „Generalüberholung" fällig wäre. Auf der anderen Seite haben die meisten Familien, die in die Familientherapie kommen, Kommunikationsprobleme, die bei der Fehlfunktion, die den Anlaß für die Therapie gegeben hat, eine signifikante Rolle spielen.

Familienregeln

Ein anderes wesentliches Merkmal des Familiensystems sind die Regeln, die das Verhalten der Mitglieder bestimmen. Familienregeln umfassen das ganze Verhaltensrepertoire, das nach Auffassung der Mitglieder in einer bestimmten Situation angewandt bzw. nicht angewandt werden sollte. Dazu gehören offene Regeln — z. B. Schlafenszeiten, Regelungen, wie lange die Kinder außer Haus bleiben dürfen, und Verantwortlichkeiten im Haushalt — und verdeckte, unausgesprochene Regeln, deren sich trotzdem jedes einzelne Familienmitglied bewußt ist, z. B. die stillschweigende Übereinkunft, daß über Vaters Trinken, Mutters ersten Mann oder den Unfalltod des ältesten Sohnes nicht gesprochen wird. In ihrer Systemdiagnose erkundet Virginia Satir viele der unterschiedlichen Regeln, die in das Familiensystem passen. Im folgenden beschreibe ich einige der wichtigsten Familienregeln und die Fragen, die man sich dazu stellen muß.

Ist es möglich, die Regeln einzuhalten? Wenn in einer Familie z. B. nie etwas Negatives auftaucht und erwartet wird, daß alle Mitglieder jederzeit glücklich wirken, dann versucht diese Familie, nach einer unmenschlichen Regel zu leben. Eine solche Regel führt zum Verbergen von Gefühlen, zu Isolation und verhindert jegliche Nähe, denn es ist unmöglich, immer und überall unabhängig vom aktuellen Geschehen glücklich zu sein. Jemand, der nach dieser Regel zu leben versucht, fühlt sich außerdem häufig schuldig, wenn er nicht glücklich ist, weil er dann ja ungehorsam ist. Diese negative Einstellung zu den eigenen Gefühlen verringert einen ohnehin schon geringen Selbstwert noch mehr.

Sind die Regeln auf dem neuesten Stand und einer veränderten Situation angemessen? Für Virginia Satir ist das ein besonders wichtiger Bereich. Soll z. B. ein Fünfzehnjähriger nach denselben Regeln wie sein neunjähriger Bruder leben?

In einer gesunden Familie wird Veränderung meist begrüßt oder doch als unabänderlicher Bestandteil des Lebens betrachtet. Die Familie akzeptiert die ständigen Veränderungen, die der Lebensprozeß ihrer Mitglieder und die Wechselfälle des Lebens mit sich bringen. Sie ist grundsätzlich davon überzeugt, daß nach schlechten auch wieder gute Zeiten kommen werden. In dysfunktionalen Familien hingegen wird Veränderung in der Regel als bedrohlich empfunden. Damit wird die Beibehaltung des Status quo zur Hauptbeschäftigung.

Wie geht die Familie mit den individuellen Unterschieden ihrer Mitglieder um? Manche Familien schätzen sie, für andere sind sie unakzeptabel und eine Quelle von Ärger und Störungen, sobald die Kinder älter werden. Lehnt man Unterschiede zwischen Individuen ab, gibt es im wesentlichen zwei Möglichkeiten, damit umzugehen. Man kann so tun, als gäbe es sie nicht. Bei Ehepaaren gibt z. B. ein Partner seine Meinung zu irgendeinem Thema auf, weil das einfacher ist, als sich zu streiten. Oder man läßt seinen Einwänden gegen alle, die anders sind als man selbst, freien Lauf. Beide Umgangsweisen stören die Familienharmonie auf gravierende Weise.

Welche Regeln gibt es für den Informationsaustausch? In manchen Familien behalten die Eltern alle wichtigen Informationen für sich. In anderen werden sie unvollständig, verzerrt oder mißverständlich weitergegeben; das führt zu Schwierigkeiten der Mitglieder untereinander. In solchen Familien ist es oft auch nicht erlaubt, zu fragen, wenn man etwas nicht versteht; das Ergebnis sind dann die bereits beschriebenen Fehlkommunikationen.

Es gibt in Familien häufig in bestimmten Bereichen Geheimnisse, um einige Mitglieder — meist die Kinder — vor der Wirklichkeit der Außenwelt zu schützen. Über diese Bereiche wird nicht offen gesprochen, was mit Aussagen wie: „Das verstehst du noch nicht, dafür bist du zu jung" oder „Das brauchst du nicht zu wissen" begründet wird. Oft soll damit das Elternbild intakt gehalten werden; die Kinder sollen von der vorehelichen Abtreibung der Mutter oder den Alkoholproblemen des Vaters nichts erfahren. (Die Kinder müßten dann freilich jegliche Beobachtungsfähigkeit verloren haben...) Selbst wenn man sich der Familiengeheimnisse bewußt ist, redet man nicht darüber. Man tut so, als gäbe es sie nicht.

Was dürfen die Familienmitglieder von dem, was sie fühlen, sehen oder hören, ausdrücken? Können Erfahrungen allen Mitgliedern mitgeteilt werden, oder gelten für die Eltern andere emotionale Regeln als für die Kinder? Wenn die Familienmitglieder nicht ungehindert ausdrücken können, was sie beschäftigt, gehen Wahrnehmungen und Gefühle „in den Untergrund", und das führt langfristig zu Schwierigkeiten. In vielen Familien gibt es „passende" und „unpassende" (das solltest du jetzt fühlen / nicht fühlen) oder dem Alter und Geschlecht zugeordnete Gefühle (neunjährige Jungen weinen nicht, das tun nur Babies). Auf diese Weise wird die Gültigkeit individueller Erfahrung geleugnet. In manchen Familien sind nur positive Gefühle zugelassen. Negative Gefühle werden geleugnet oder aus Angst vor Ablehnung, Lächerlichkeit oder davor, andere zu verletzen, nicht ausgedrückt.

Für den Therapeuten sind die Regeln über den Ausdruck von Zuneigung oder Ärger besonders wichtig. Beim Ausdruck von Zuneigung kann man zwei Grundhaltungen feststellen: Familien, die offen zärtlich miteinander umgehen, und solche, deren Mitglieder ihre Gefühle nicht ausdrücken und kalt oder gleichgültig im Umgang miteinander wirken. Natürlich gibt es dabei zahlreiche Variationen. In manchen Familien gibt es keinerlei Zärtlichkeiten der Eltern vor den Kindern. In anderen hören Väter auf, ihre Söhne zu umarmen, wenn sie ein bestimmtes Alter erreicht haben (sie sollen als starke Männer aufwachsen; und Zärtlichkeiten zwischen Männern könnte man für Homosexualität halten). Ähnliche Hemmungen gelten für Töchter in oder kurz nach der Pubertät. Dieser traurige Zustand hat seine Ursache darin, daß vielen Leuten die Grenzen zwischen dem Austausch von Zärtlichkeiten und sexuellen Tabus nicht klar sind.

Das freie Ausdrücken von Ärger wird in vielen Familien mißbilligt und für gefährlich gehalten. In anderen ist er nur in bestimmten Situationen und gegen bestimmte Familienmitglieder erlaubt. Und in manchen bricht der Ärger immer wieder unkontrolliert aus. In Familien, die wenig Zuneigung zeigen, ärgern sich die Kinder häufig gegenseitig, sowohl physisch wie verbal. Das Bedürfnis nach Kontakt ist so stark, daß es sich verzerrt in Ärgern und Streitereien äußert, wenn es nicht positiv ausgedrückt werden kann. Die Familie aus Teil I ist dafür ein sehr gutes Beispiel.

Im Bereich der Familienregeln gibt es für den Therapeuten zahlreiche Interventionsmöglichkeiten. Sind sie unklar und mißverständlich, besteht das Problem in geringer Kommunikation. Die Familienmitglieder müssen auf den unterschiedlichsten Ebenen in ihren kommunikativen Fähigkeiten bestärkt werden. Aufgabe des Therapeuten ist es hier nicht nur, der Familie die Schwierigkeiten bewußt zu machen und neue Kommunikationsformen einzuüben, er muß die Dysfunktion auch pädagogisch erklären. Wie bereits gesagt, gibt es viele Gründe für dysfunktionale Kommunikation, und einer davon ist die Unkenntnis effektiverer Kommunikationsmöglichkeiten. Diese pädagogische Funktion des Therapeuten ist auch dann gefordert, wenn die Familienregeln veraltet, unfair, unklar, unangemessen oder der gegenwärtigen Situation nicht angepaßt sind. Mit der Hilfe des Therapeuten kann die Familie die Gültigkeit ihrer Regeln neu einschätzen und in Frage stellen und die aussortieren, die zur Fehlfunktion beitragen.

Mit den Regeln, die überwiegend die Selbstachtung eines oder mehrerer Familienmitglieder schützen sollen, muß man sehr vorsichtig umgehen, denn sie sind normalerweise nicht bewußt und können nur berührt werden, wenn sich die Familienmitglieder beim Therapeuten bereits sehr sicher fühlen. Wächst der Selbstwert der einzelnen Mitglieder, brauchen sie meist den Schutz dieser Regeln nicht mehr. Solche Interventionen bilden den Fokus der zweiten Therapiestufe, die im nächsten Kapitel beschrieben wird.

Ich fasse noch einmal zusammen: Die Rolle des Therapeuten besteht darin, die Familie dabei zu unterstützen, sich der Regeln bewußt zu werden, die die harmonische Entwicklung des Familienlebens stören, und sie umzuformen. Ist das erreicht, ist ein Klima geschaffen, in dem sich die Kommunikation verbessern und die Selbstachtung der Familienmitglieder wachsen kann.

4 Das Selbstwertprozeßmodell

Dieses Kapitel untersucht den Prozeß, dem Virginia Satir in ihrer Arbeit mit Familien oder Schülern folgt. Obwohl der hier beschriebene Prozeß auf die Familientherapie fokussiert, läßt er sich auf alle anderen Systeme, deren Mitglieder sich verändern wollen, übertragen.

Virginia Satir nennt ihre therapeutische Methode das „Selbstwertprozeßmodell":

> „Jetzt sehe ich meine therapeutische Aufgabe darin, die in der Pathologie eines Menschen oder einer Familie aufgestaute Energie so umzuformen und zu transformieren, daß sie fruchtbar werden kann, ganz im Gegensatz zu meiner früheren Ansicht, die sich auf die Beseitigung der Krankheit beschränkte. Man kann diese Methode ‚gesundheitsorientiert' nennen, aber in Wirklichkeit ist sie mehr, also nenne ich sie das ‚Selbstwertprozeßmodell'."

Dieses Modell ist das logische Ergebnis von Virginia Satirs Thesen über den Veränderungsprozeß. Die erste Annahme basiert auf dem tief eingewurzelten Gefühl, daß Menschen auf Veränderung und Wachstum ausgerichtet und zu jeder Art Verwandlung fähig sind. Auf diesem Hintergrund ist ein Symptom ein Hinweis dafür, daß gestörte Kommunikation oder Familienregeln das freie Wachstum eines oder mehrerer Familienmitglieder blockieren. Familienregeln erwachsen aus den Mechanismen, mit denen die Eltern ihren Selbstwert aufrechtzuerhalten versuchen. Sie sind also auch der Kontext, in dem die Kinder aufwachsen und ihren Selbstwert entwickeln. Weil der Selbstwert der einzelnen Familienmitglieder das Familiensystem so grundlegend beeinflußt, ist ein Hauptfaktor der Satirschen Methode die Unterstützung der einzelnen Familienmitglieder bei der Steigerung ihres Selbstwerts.

Zweitens geht sie davon aus, daß jeder Mensch alles bereits in sich trägt, was er zu seiner Entfaltung braucht. Der therapeutische Prozeß besteht darin, den Klienten Zugang zu ihren eigenen Ressourcen zu verschaffen und ihnen zu zeigen, wie diese sich nutzen lassen, um ihnen zu neuen Bewältigungsfähigkeiten zu verhelfen. In diesem Kontext ist das Symptom nur ein Ausgangspunkt, ein Hinweis für den gegenwärtigen

Stand der Bewältigung. Der Therapeut muß das Symptom verstehen, weil es den Schlüssel für die Fehlfunktion liefert, aber der Fokus der Therapie liegt auf dem Prozeß, der zu der Fehlfunktion geführt hat.

Drittens versteht Virginia Satir die Familie als ein System, in dem jeder einzelne alle anderen Personen oder Ereignisse beeinflußt und seinerseits davon beeinflußt wird. Jede Situation ist somit Ergebnis einer Vielzahl von Reizen und Reaktionen, was wiederum heißt, daß kein einzelnes Familienmitglied verantwortlich gemacht werden kann. Aufgabe des Therapeuten ist es, diese umfassende Auffassung von „System" für die Familie lebendig werden zu lassen.

Die vierte Annahme besagt, daß Persönlichkeit und Überzeugung des Therapeuten seine wichtigsten Handwerkszeuge sind. Um nach diesem Ansatz Menschen bei Veränderungen zu helfen, muß er davon überzeugt sein, daß der Mensch wachsen und sich verändern kann, alle nötigen Ressourcen bereits in sich trägt und daß Probleme immer mehr als eine Ursache haben. Er muß den Mitgliedern der Familie die Kongruenz vorleben können, die sie entwickeln müssen. Ganz wesentlich ist dafür die Fähigkeit, auf die unterschwelligen Botschaften in der Kommunikation wertungsfrei zu reagieren, denn das demonstriert der Familie neue Modelle der Kommunikation. Die Menschlichkeit des Therapeuten ist wichtiger als seine Sachkenntnis.

Diese vier Annahmen bilden die Basis für einen therapeutischen Prozeß, der nicht leicht zu beobachten ist. Wenn man Virginia Satirs Arbeit zusieht, ist man mit überwältigendem Informationsmaterial konfrontiert: ihre Bewegungen, ihr Tonfall, Berührungen, die Reihenfolge, in der sie sich den Familienmitgliedern zuwendet, die unterschiedlichen sensorischen Zugangswege, die sie für die einzelnen Familienmitglieder benutzt usw. Dabei sieht man sehr leicht vor lauter Bäumen den Wald nicht mehr und nimmt ihren sehr systematischen Ansatz und die ausgeprägte Struktur gar nicht mehr wahr. Der Prozeß entwickelt sich in der Regel reibungslos, ohne sichtbare Übergänge, und man übersieht leicht, wie streng Virginia Satir den Prozeß strukturiert.

Das Selbstwertprozeßmodell läßt sich in drei Stufen unterteilen, die sich häufig überschneiden. Dennoch hat jede Stufe eindeutige Merkmale. In der Regel kommen alle drei in jeder Sitzung vor, wenn auch in unterschiedlicher Länge. Sie strukturieren aber auch allgemein den Verlauf der Therapie.

In der ersten Stufe wird Kontakt hergestellt und ein informeller Arbeitsvertrag geschlossen. In der zweiten Stufe herrscht Chaos; der Therapeut greift in das Familiensystem ein und stört den Status quo. In der dritten Stufe wird dann das Neue integriert.

Erste Stufe: Kontakt aufnehmen

Diese Stufe beginnt, wenn der Therapeut der Familie begegnet, und endet, wenn er genug Informationen gesammelt und genügend Vertrauen etabliert hat, um mit der nächsten Stufe beginnen zu können.

Anlaß für eine Therapie ist meist etwas Negatives. Die Familie leidet an einem oder mehreren Problemen, fühlt sich hilflos und häufig auch beschämt und weiß nicht, was in der Therapie passiert. Die erste Aufgabe des Therapeuten ist es daher, eine angenehme Atmosphäre zu schaffen, in der Hoffnung und Vertrauen möglich werden. Auf dieser Grundlage können die einzelnen Familienmitglieder nach und nach die für eine Veränderung nötigen Risiken auf sich nehmen. Dazu muß der Therapeut bei der Etablierung des therapeutischen Milieus eine aktive Rolle spielen. So zeigt er, daß er sich in seiner Rolle sicher fühlt, und vermittelt seine mangelnde Furcht vor und seine Fähigkeiten im Umgang mit schmerzhaftem Material.

Virginia Satir gibt jedem Familienmitglied zur Begrüßung die Hand oder stellt auf andere Weise Kontakt zu jedem einzelnen her. Sie widmet ihre volle Aufmerksamkeit der Person, mit der sie sich gerade beschäftigt, so daß diese sich für den Augenblick als einzig wichtige Person fühlen kann. Es ist wichtig, jedes einzelne Familienmitglied auf diese Art einzubeziehen und aufzuwerten, weil besonders in dysfunktionalen Familien meist mindestens ein Mitglied das Gefühl hat, in der Familie nicht viel zu gelten. Jeder einzelne muß das Gefühl erhalten, in den Augen des Therapeuten ein einzigartiges Individuum zu sein. Ein ausgezeichnetes Beispiel dafür ist Kommentar 6, wo Virginia Satir die Zwillinge fragt, wie man sie auseinanderhalten kann. Der einfache Prozeß, eine Verbindung zu jeder einzelnen Person herzustellen und ihr mit wirklichem Interesse zuzuhören, hebt die Selbstachtung der Familienmitglieder, gibt ihnen ein besseres Selbstgefühl und die Hoffnung auf die Möglichkeit positiver Veränderung.

Zu der Atmosphäre von Vertrauen gehört auch ein Klima, in dem die Familienmitglieder ohne Angst vor Sanktionen etwas von sich oder den anderen offenlegen können. Der Therapeut muß deswegen unbedingt wertungsfrei auch auf Beschreibungen von Ereignissen reagieren, die in einer nicht-therapeutischen Situation als negativ gelten. Virginia Satirs Reaktion in Kommentar 11, in dem sie Coby erklärt, daß man eben manchmal sauer reagiert, ist dafür ein gutes Beispiel. Läßt sich der Reaktion des Therapeuten entnehmen, daß er ähnliche Gefühle bei anderen Leuten kennt (Kommentar 20 und 22), begreift die Familie leichter, daß für ihn alle Gefühle legitim sind.

Vertrauensbildend ist auch eine lockere Atmosphäre, die die einzelnen nicht einschüchtert, sondern zu unbefangenem Verhalten einlädt. Virginia Satir trägt zu dieser Unbefangenheit bei, indem sie Beispiele aus ihrer persönlichen Erfahrung benutzt. Darüber vermittelt sie, daß auch sie Sorgen hat und sich, wenn nötig, auf ihre eigene Erfahrung beziehen kann. In Kommentar 4 teilt sie Lucy und Lisa mit, daß sie Zwillingsbrüder hat, in Kommentar 10 nimmt sie über ein Erlebnis ihrer eigenen Kindheit Verbindung zu Coby auf.

Obwohl sich in dieser Eingangsphase an der Oberfläche nur sehr wenig abspielt, ist die Arbeit bereits in vollem Gang. Die Familienmitglieder lernen, dem, was sie sehen, mehr Aufmerksamkeit zu schenken (Kommentar 14) und ihre Beobachtungen ohne Wertung mitzuteilen. Die wachsende Bewußtheit dessen, was in ihnen (Gefühle) oder außerhalb von ihnen (Sehen, Hören, Berühren) vorgeht, bringt sie dazu, sich so aufeinander zu beziehen, wie sie in der gegenwärtigen Situation sind, anstatt sich auf Erinnerungen oder Vorstellungen zu verlassen.

Ein oberflächlicher Beobachter fragt sich an diesem Punkt wahrscheinlich, wann denn die Sitzung anfängt. Und tatsächlich kann es eine dreiviertel Stunde oder längern dauern, bevor Virginia Satir auf den Grund für den Termin zu sprechen kommt. Ihrer Meinung nach muß der Therapeut von jedem einzelnen Familienmitglied akzeptiert sein, bevor er der Familie seine Sichtweise der Bedeutung von Situationen nahebringen kann.

Während die Familienmitglieder in diesem informellen Eröffnungsprozeß der therapeutischen Situation Vertrauen fassen, sammelt Virginia Satir wesentliche Informationen für den weiteren Verlauf der Sitzung. Auch wenn sie die Hintergründe, die die Familie in die Therapie kommen ließ, noch nicht genau kennt, entwickelt sie doch eine gewisse Vorstellung vom Familiensystem und Hypothesen über die Art und Weise, in der die Familie einige Aspekte ihres Lebens bewältigt. Die Art, in der die Familienmitglieder über sich sprechen, zeigt ihr, welches Selbstgefühl sie haben. Die Art, wie sie miteinander sprechen, zeigt, ob sie sich in ihrem Selbstwertgefühl eher unterstützen oder verunglimpfen und welche Kommunikationsprobleme in der Familie eventuell bestehen. Sie sammelt Informationen über die Regeln, nach denen die Familie lebt. Der Fokus auf Kommunikation und Selbstwert führt zum Verständnis der Überlebens- oder Abwehrmechanismen, mit denen die einzelnen ihren Selbstwert schützen. Diese Informationen sind wesentlich für die Förderung von Wachstum und Veränderung.

Informationen über den Prozeß des Familienlebens oder das Familiensystem sind in der Satirschen Familientherapie von grundlegender

Bedeutung. Der Fokus der Therapie liegt auf der Veränderung dieser Prozesse, wobei das „Problem" in den Hintergrund verwiesen ist und nur als Konsequenz einer Dysfunktion des Familiensystems betrachtet wird.

Wenn der Kontakt hergestellt ist und sie einige Informationen über das Familiensystem hat sammeln können, richtet Virginia Satir ihre Aufmerksamkeit auf das, was die Familie zur Therapie bewogen hat. Dabei fragt sie eher nach Wünschen und Erwartungen als nach „Problemen" (Kommentar 17). In der Regel fragt sie jeden einzeln, manchmal, wie in unserem Beispiel, aber auch nur ein oder zwei, wenn sie spürt, daß die anderen mit deren Aussagen übereinstimmen. Meist zahlt sich jetzt das langsame Anfangstempo aus. Die Familienmitglieder sind jetzt eher bereit, mit bedeutsamen Themen umzugehen.

Virginia Satir beginnt mit Interventionen, bevor die Systemdiagnose abgeschlossen ist. Von dieser Überlappung profitieren Therapeut wie Familie gleichermaßen, weil die Familie ein Gefühl für die Möglichkeit von Veränderung entwickelt und aktiv in die Intervention einbezogen ist, während der Therapeut seine Einschätzung der Familie vertiefen kann.

Interventionen in diesem frühen Stadium haben sehr klare Merkmale. Das therapeutische Ziel dieser Anfangsphase besteht darin, Beobachtungen mitzuteilen und den Familienmitgliedern das deutlich zu machen, was sie implizit meist schon wissen. (Vgl. Kommentar 28 über die Kurzschlüsse in der Familie.) Virginia Satir zieht aus den Beobachtungen keine Schlüsse, sondern stellt einfach fest: „So sehe ich das", ohne jede Bewertung. Durch solche Interventionen wird den Familienmitgliedern oft auch bewußt, daß andere Menschen die Situation nicht zwangsläufig genauso betrachten müssen wie sie selbst. Diese Erkenntnis ist wichtig für das Verständnis des eigenen Familiensystems und seiner Dynamik.

Virginia Satir bringt oft unmittelbar Leben in ihre Beobachtungen, indem sie an den Erfahrungen der einzelnen Familienmitglieder anknüpft und sie zum Handeln auffordert oder dazu, eine Situation über eine „Skulptur" darzustellen. (Kommentare 38, 40, 41). Die Skulptur-Technik ist zwar keineswegs auf diese erste Phase beschränkt, muß aber doch erwähnt werden, weil sie so viele diagnostische Informationen über die Familie ermöglicht. Die Arbeit mit der Skulptur bezieht mehrere oder alle Familienmitglieder mit ein und kann eine Situation sehr viel schneller deutlich machen, als wenn die einzelnen ihre Wahrnehmungen verbal austauschen. Außerdem ist der Prozeß dabei dynamisch, bringt neue Informationen und neue Bewußtheit mit sich und ist zumindest hin und wieder auch lustig. Wenn eine Familie erst einmal über das, was sie tut, lachen kann, ist das ein sehr wichtiger Schritt in der Therapie.

In der ersten Phase fragt Virginia Satir oft nach Gefühlen, achtet aber sorgfältig darauf, daß die Fragen ungezwungen bleiben, und läßt die Abwehrmechanismen unangetastet. Es geht nur um die in der Familie bereits „öffentlichen" Gefühle.

Das sind in der Anfangsphase oft Gefühle des Ärgers. Oberflächlich betrachtet, könnte man den Ärger für die Schlüsseldynamik der Familie halten. Virginia Satir hält sich aber damit nicht auf und konzentriert sich auch nicht darauf, obwohl sie sich der Gegenwart des Ärgers sehr bewußt ist. Meist umgeht sie ihn für den Augenblick, weil der Fokus auf Ärger ohne positiven Kontakt bodenlose Abgründe eröffnen kann. Ärger ist ihrer Meinung nach Abwehr von Verletzung, Schmerz, Verzweiflung, Angst, Isolation u. ä. Er verbirgt Gefühle, um den Selbstwert zu schützen (Kommentar 78). Der Satirsche Ansatz versucht, eine Atmosphäre zu schaffen, in der die Familienmitglieder direkt mit den Gefühlen arbeiten können, die dem Ärger zugrundeliegen. Wenn Virginia Satir spürt, daß Ärger zu ernsthaften Problemen in der Familie führt, hilft sie den Mitgliedern, neue, kreative Wege zu finden, damit umzugehen, aber der Ärger steht nie im Zentrum der Therapie.

In dieser Phase werden auch die Grenzen der einzelnen Familienmitglieder eingeschätzt: Wieviele physische und emotionale Nähe vertragen sie von den anderen? Man muß die Ängste und Bedürfnisse jedes einzelnen Familienmitglieds berücksichtigen, um die Risiken im zweiten Stadium der Sitzung abschätzen zu können.

Manche Therapeuten schließen in diesem Stadium auch einen Arbeitsvertrag mit der Familie. Sie diskutieren die gegenseitigen Erwartungen, die Dauer und die Anzahl der Sitzungen und andere wesentliche Details der therapeutischen Beziehung. Wenn es ihr sinnvoll erscheint, schließt auch Virginia Satir solche Verträge, aber ihre Methode ist zu offen, als daß sie schon zu diesem Zeitpunkt sagen könnte, wohin die Arbeit führen wird. Der informelle Vertrag, den sie eingeht, basiert auf Vertrauen und macht deutlich, daß die Entscheidung über die Risiken, die eingegangen werden müssen, immer bei den Familienmitgliedern selbst liegt. Sie macht klar, daß sie niemanden dazu drängen wird, in Bereiche vorzustoßen, für die er noch nicht bereit ist.

Zweite Stufe: Chaos

Die zweite Stufe im therapeutischen Prozeß wird sehr treffend „Chaos" genannt. Während in der ersten Stufe der Status quo beibehalten wird, ist für die zweite Stufe Konfusion und Durcheinander charakteristisch. Mit Unterstützung des Therapeuten überschreiten einzelne Familienmitglieder die Grenzen ihrer Abwehr und kommen mit Bereichen in Kontakt, die sie aus Angst vor sich selbst und den anderen verbergen mußten. Sie können Schmerz, Verletzlichkeiten und Brüche, die dem Ärger zugrundeliegen und wegen derer sie sich schämen, ausdrücken. Das tut sehr weh, ist aber unabdingbar für Nähe und ein unterstützendes Klima in der Familie.

Wer sich auf unbekanntes Gebiet vorwagt — und die Bereitschaft dazu kennzeichnet die Chaos-Phase — wird von irrationalen Ängsten und dem Gefühl einer unmittelbar bevorstehenden Katastrophe überflutet. Diese Ängste ähneln denen der Säuglingszeit, in der Liebesverlust synonym mit Tod war und die extreme Abhängigkeit des eigenen Überlebens von anderen totale Verletzbarkeit bedeutete. Jeder Mensch, der unbekanntes Gebiet betritt, spürt etwas von dieser Angst. Diese Angst bleibt in der Regel auf der psychischen Ebene, kann sich aber bei Menschen mit entsprechender Vorgeschichte auch z. B. in asthmatischen oder epileptischen Anfällen niederschlagen. (Vgl. den Film: Virginia Satir, A Familiy in Crisis, Science and Behavior Books, Palo Alto 1972.)

Die Schrecken der Begegnung mit dem Unbekannten sind beim ersten Mal am schlimmsten. Man kann sich auf die eigenen Ressourcen nicht mehr verlassen und springt, ohne zu wissen, wohin man fällt. Im Lauf der Therapie wird das Gefühl existentieller Bedrohung zunehmend schwächer, weil der Klient durch die immer wieder erlebbare Auflösung der Situation lernt, mit den ambivalenten Gefühlen der Unsicherheit zu leben. Und er assoziiert zunehmend die Konsequenz dieses Gefühls, nämlich Bewältigung und neues Wachstum.

Meist ist der Inhalt der Eröffnungen nur für den Klienten selbst erschreckend. Der Durchbruch besteht nicht in dem, was er berichtet, sondern in der Tatsache, daß er willens und fähig war, etwas mitzuteilen, das bis dahin für ihn unaussprechlich war. Das ist der erste Schritt auf dem Wege zur eigenen Person. Der Prozeß des Offenlegens verletzbarer Bereiche kündigt die Bereitschaft zu grundlegenden Veränderungen an.

Die Interventionen dieser Stufe unterscheiden sich zwar nicht wesentlich von denen anderer Stufen, aber auf einige spezielle Merkmale soll doch hingewiesen werden. Der Therapeut braucht viel Stärke und Klarheit, um dem Klienten aus dieser Sackgasse herauszuhelfen. Virginia Satirs Zähigkeit (Kommentare 47, 52) ist bei Bedarf stets vorhanden, obwohl man ihre Zähigkeit leicht übersieht, denn es entspricht ihrem Stil, auch dabei liebevoll und freundlich zu sein. Ihre Zähigkeit im Umgang mit den obstruktiven Anteilen des Klienten manifestiert sich erst, wenn ein therapeutisches Bündnis mit ihm besteht. Anders ausgedrückt: Sie verbündet sich mit seinem Wunsch nach Wachstum und tut sich mit den Anteilen in ihm zusammen, die dieses Wachstum wollen. Ohne ein solches Bündnis drängt sie ihn nicht; das wäre ein Vertrauensbruch und ein unzulässiger Eingriff in seine Abwehrbereiche. Nur wenn ein Klient bereit zum Risiko ist, ist Wachstum möglich. Ohne Vertrauen und Veränderungsbereitschaft wären solche Interventionen so etwas wie eine „Zwangsernährung", und der Widerstand dagegen würde jede wirkliche Veränderung verhindern.

Die Beobachter von Virginia Satirs Arbeit staunen oft über die Leichtigkeit, mit der sie die Kooperation der Familienmitglieder erreicht. Meist wird dies dann ihrem „Charisma" zugeschrieben. Das mag zwar ein Grund dafür sein, aber wesentlicher ist ihr Gespür für die Risikobereitschaft der Familienmitglieder im jeweiligen Moment und die Unterstützung, die sie ihnen gibt (vgl. Kommentare 79 bis 84).

Darüber vernachlässigt sie aber nicht die anderen Familienmitglieder. Sie bleibt in Kontakt mit dem, was bei den anderen abläuft, und verlagert ihre Aufmerksamkeit, wenn nötig, auf ein neu aufkommendes Thema (Kommentar 62). Das ist sehr wichtig, denn wenn ein Therapeut einfach weitermacht, als habe er nicht bemerkt, was vorgeht, entsteht bei den Familienmitgliedern leicht der Eindruck, er könne mit der Situation nicht umgehen.

In der Chaos-Phase muß der Therapeut den Klienten immer wieder auf die Gegenwart einstellen. In dieser Phase ist er mehr mit seinem inneren Aufruhr als mit der Realität um ihn herum in Kontakt, und seine Ängste werden durch Erinnerungen an die Vergangenheit oder Unsicherheiten in Bezug auf die Zukunft verstärkt (Kommentar 101). Hier ist es Aufgabe des Therapeuten, ihn in die Gegenwart zu bringen, ihm zu helfen, seine Sinne zu benutzen, und ihn zu zwingen, die Aufmerksamkeit auf die Realität anstatt auf seine Einbildung zu richten. Ein gutes Beispiel dafür ist Kommentar 90, wo Virginia Satir Margie mit der Aufforderung in die Gegenwart zurückbringt, Caseys Haut mit der Hand zu fühlen. Die Gegenwart ist die einzige Realität in diesem Kontext, und wenn der Klient sich in dieser Realität wieder wohlfühlt, erhält er das Gefühl von Kontrolle über sein Schicksal zurück. In dieser

Phase sollten keine Entscheidungen getroffen werden, die über die nächsten Sekunden hinausreichen.

Die therapeutische Kunst von Virginia Satir erweist sich in der Balance zwischen Zähigkeit und Empathie. Mit unendlicher Geduld versucht sie, andere Kanäle und Brücken zu finden. Das ist natürlich nicht leicht, und deshalb umgehen auch viele Therapeuten diese aufwühlende Phase, die so viel Geschick erfordert, aber ohne sie gibt es keine Veränderung.

Wir haben viel von den Risiken der Familienmitglieder gesprochen, aber das Risiko für den Therapeuten ist keineswegs geringer. Er muß in der Chaos-Phase viele Techniken unmittelbar benutzen können, muß sich schnell entscheiden und akzeptieren, daß er den Weg selbst nicht kennt. Er weiß nicht, wie stark die Reaktionen sein werden. Und er ist natürlich genauso verletzlich wie jeder andere Mensch, auch durch die Ablehnung des Klienten, wenn er die Tragfähigkeit der Beziehung oder die Fähigkeit, Unterstützung anzunehmen, überschätzt hat (Kommentar 70).

Dritte Stufe: Integration

Diese beginnt, wenn das Thema, das die Verwirrung der zweiten Stufe geschaffen hat, abgeschlossen ist. Im Gegensatz zur zweiten Stufe, in der das Gefühl von Hoffnungs- und Bewegungsunfähigkeit herrschte, sind die Merkmale der dritten Stufe neue Hoffnung und die Bereitschaft zur Veränderung. Sie ist eine emotionale Ruhepause, in der die Familie, wenn nötig, ein Thema mit dem Therapeuten durcharbeiten kann. Von daher läßt sie sich zeitlich nicht genau festlegen. Integration kann das Ende einer Sitzung anzeigen oder eine Art „Zwischenstop" setzen, bevor der Kreislauf wieder von vorne beginnt. Dann ist ein weicher Übergang möglich vom Schließen eines Themas zum Eröffnen eines neuen. Die erste Phase, die Kontaktaufnahme, nimmt dabei natürlich nicht mehr solchen Raum ein.

Die drei Phasen sind in der Praxis nicht so klar zu unterscheiden wie in der obigen Beschreibung; sie überschneiden sich, und die Familienmitglieder sind meist nicht alle auf derselben Stufe. Wenn Virginia Satir z. B. mit den Eltern arbeitet, sind diese in der Chaos-Phase, während die Kinder das volle Ausmaß der Ängste ihrer Eltern nicht teilen können (in Kommentar 62 bis 63, mit Ausnahme von Lisa).

Der Therapeut muß unbedingt wissen, welche Phase gerade läuft, und er darf die Sitzung keineswegs beenden, bevor die Familienmitglieder Gelegenheit hatten, die Ereignisse der Chaos-Phase zu integrieren.

Das gilt ganz besonders für die erste Sitzung. Steht dafür nur eine begrenzte Zeit zur Verfügung, sollte er die zweite Sitzung abwarten, bevor er die Chaos-Phase einleitet.

Man kann diese drei Stufen auch als zyklische Bewegung der Therapie verstehen. Dann repräsentiert der erste Ablauf des Zyklus ein Hologramm der ganzen Behandlung. In dem Interview des ersten Teils wiederholt sich der Zyklus nur einmal. (Stufe 2 beginnt, wo Margie mit ihren Wünschen Kontakt aufnimmt und das Risiko eingeht, sie zu fordern. Die dritte Stufe endet nach dem Streß-Ballett, als Margie und Casey einen einvernehmlichen Ausweg finden.)

Für Virginia Satir ist der Therapeut Leiter des Prozesses, d.h. daß seine Sachkenntnis Menschen hilft, Entscheidungen über ihr Leben fällen zu können, und nicht etwa, daß er ihre Entscheidungen für sie trifft. Es ist ein wesentlicher Unterschied, ob man einen Prozeß leitet oder Menschen führt: Menschen kann man nur leiten, wenn sie die Kontrolle über ihre Lebensentscheidungen abgegeben haben, und in diesem Fall findet keine Therapie statt. Virginia Satir klärt mit den Beteiligten sehr sorgfältig die Bereitschaft zu neuen Erfahrungen und macht ihnen die damit verbundenen Risiken bewußt. Damit behalten die Klienten die Verantwortung für ihr eigenes Leben, und der Therapeut kann sich ihres Verständnisses, ihres Vertrauens und ihrer Risikobereitschaft sicher sein (Kommentar 109).

Als Leiter des Prozesses bestimmt der Therapeut auch das Tempo der Sitzung. Manchmal dauert es sehr lange, bis ein Fortschritt sichtbar wird, manchmal geht es in großen Sprüngen voran.

Der Fokus auf den Prozeß ist in Virginia Satirs konkreter Arbeit nicht immer leicht zu sehen. Sie bleibt manchmal solange an einer bestimmten Situation, daß man ihre Arbeit für ausgesprochen inhaltsorientiert halten könnte. Aber der Inhalt, der da untersucht wird, hat in der Regel nur wenig mit dem zu tun, was die Familie als ihr Problem wahrnimmt. Statt dessen gibt er den Mitgliedern die Gelegenheit, ein Thema durchzuarbeiten, bei dem sie keine Abwehr spüren. So kann der Therapeut die Interaktionen der Familienmitglieder auf verschiedenen Ebenen beobachten. Ein gutes Beispiel ist der Anfang des Interviews im ersten Teil, in dem es darum geht, wie die Zwillinge auseinandergehalten werden. Solche Details helfen dem Therapeuten, sich ein Bild von den Prozessen in der Familie zu machen. Die Familienmitglieder, die in einem Bereich Problemlösungsfähigkeiten erwerben, können diese dann auf andere Situationen übertragen (Kommentar 98).

In der prozeßorientierten Therapie hat ein im Moment auftauchendes Bedürfnis Vorrang vor der generellen Behandlungsrichtung. Dabei besteht die Kunst in der Balance zwischen dieser allgemeinen Richtung und den Themen, die auf dem Weg dahin auftauchen. Dieser Prozeß läßt sich an einem einfachen Beispiel illustrieren: Ignoriert man beim Einfädeln eines Fadens den kleinen Knoten am Nadelöhr, ist der Weg des Fadens blockiert. Der Therapeut, der es vernachlässigt, ein Stirnrunzeln oder ein anderes, scheinbar unwichtiges Detail aufzugreifen, geht dasselbe Risiko ein: der Prozeß wird blockiert. Virginia Satir überprüft ihre Interventionen Schritt für Schritt, um sicher zu sein, daß sich keine „Knoten" gebildet haben (Kommentar 88).

Sie selbst benutzt für ihre Arbeit das Bild des Webens. Der Prozeß des Webens besteht darin, scheinbar zusammenhanglose Fäden aufzunehmen und zu verbinden, bis sie schließlich ein zusammenhängendes Muster bilden. So erweitert sich auch ein Gedanke oder ein Faden, den ein Familienmitglied ausdrückt, durch den Input der anderen. Danach wird ein neuer Faden aufgenommen und entwickelt. Ein anderer wird fallengelassen und später wieder aufgenommen. Nach und nach verbinden sich die scheinbar unzusammenhängenden Fäden auch hier zu einem neuen Muster.

Abschließend muß noch erwähnt werden, daß eine therapeutische Sitzung mit Virginia Satir reich an kognitiven Informationen ist. Ich habe bereits gesagt, daß sie nur wenig Unterschiede zwischen Pädagogik und Psychotherapie macht; für sie sind beides Teile desselben Kontinuums. Aufgrund ihrer langen Erfahrung betrachtet sie heute viele emotionale Probleme als Resultat mangelnder Erziehung. Die meisten Menschen in unserer Kultur wurden z. B. nie dabei unterstützt, wirklich zu sehen. Ein Erziehungsprozeß, der bereits beim Säugling beginnt, vermittelt den Kindern, daß es viele Dinge gibt, die sie nicht sehen oder über die sie zumindest nicht reden sollten. Es gilt als besonders ungezogen, andere Leute längere Zeit anzusehen. Wir sind also darauf konditioniert, eher auf unsere eigenen Bilder als auf die äußere Realität zu achten. Dasselbe gilt für Menschen, die ihre inneren Botschaften nicht berücksichtigen. Sie müssen motiviert werden, ihren Gefühlen Aufmerksamkeit zu schenken. Kurz, die meisten Menschen können das, was Virginia Satir die fünf Freiheiten nennt, nicht wahrnehmen, weil sie nicht dazu erzogen worden sind. Und das gilt nicht nur für die Familien, die in die Therapie kommen, sondern auch für die meisten Therapeuten.

Deshalb sind die Prozesse in der Ausbildung der Familientherapeuten praktisch dieselben wie in der Therapie. Das Interview im ersten Teil des Buches zeigt viele Beispiele, in denen Virginia Satir pädagogisch arbeitet (Kommentare 8, 29, 59, 69).

5 Persönlichkeit und Beruf des Familientherapeuten

Man kann aus Virginia Satirs Arbeitsstil unterschiedliche Konsequenzen ziehen. Manche Leute beobachten ihre Arbeit und kopieren dann einfach ihre Techniken, ohne den Kontext dieser Methode zu begreifen. Andere wieder sind voll Ehrfurcht davon überzeugt, sie sei einzigartig, eine Art Guru mit ganz besonderen, magischen Fähigkeiten, die gewöhnliche Sterbliche einfach nicht besitzen. Ohne Virginia Satirs Fähigkeiten und die außerordentliche Anziehung, die sie auf Menschen ausübt, zu schmälern, ist es doch auch wichtig, zu betonen, daß eine solche Haltung die enorme Anstrengung und Arbeit hinter der Entwicklung dieser Fähigkeiten übersieht. Auch wenn man ihre zweifellos vorhandene Begabung berücksichtigt, bleibt das, was man Intuition nennt, das Ergebnis jahrelanger Arbeit und gründlicher Beschäftigung mit Prozessen bei Individuen und Familien.

Außer diesen Extremen gibt es aber noch die Möglichkeit, die Satirschen Methoden zu erlernen und in den jeweils eigenen Arbeitsstil zu integrieren. Die meisten ihrer überzeugten Schüler fühlten sich von Anfang an von ihrem Ansatz angezogen, weil er etwas in ihnen ganz persönlich ansprach.

Das vierte Kapitel hat Virginia Satirs Arbeitsprozeß mit Familien beschrieben. Dieses Kapitel beschreibt, welche Eigenschaften ein Therapeut braucht, der mit diesem Ansatz arbeiten will, und zwar auf der menschlichen wie auf der beruflichen Ebene. Dabei steht die Verpflichtung auf die Annahmen und Werte, die ihrem Prozeß zugrundeliegen, an erster Stelle. Danach geht es um das therapeutische Handwerkszeug und schließlich um die Ausbildungsmöglichkeiten.

Grundannahmen und Wertesystem

Virginia Satirs grundlegende Achtung für Unterschiede zwischen Menschen gilt auch für die Therapeuten, die ihre Methode lernen wollen. Therapeuten mit ganz unterschiedlicher Persönlichkeitsstruktur, Stilen und Techniken können sie produktiv anwenden. Sie ermutigt ihre Schüler, alles auszuprobieren, was sie ihnen beibringen kann, aber sich nur das zu wählen, was für sie stimmig ist. Von daher besteht die Gemeinsamkeit also weniger in bestimmten Methoden, sondern in der Übereinstimmung bei den Grundannahmen und dem Wertesystem, auf denen ihre Arbeit beruht.

Dabei geht es erstens um die Überzeugung, daß unter entsprechenden Bedingungen alles Leben auf Wachstum ausgerichtet ist. Diese Verpflichtung auf das Wachstumsmodell gilt für den Behandlungsprozeß genauso wie für die persönlichen Ziele des Therapeuten.

Ein zweiter Punkt ist die Annahme, daß Klienten die Anlagen für ihr eigenes Wachstum in sich tragen. In diesem Sinne ist der Therapeut wie ein Gärtner, der die optimalen Wachstumsbedingungen kennt und die nötigen Nährstoffe und Anbaubedingungen zur Verfügung stellt. Ein anderes Bild wäre das der Hebamme: der Therapeut unterstützt die Wehen und gibt Mut zur Geburt neuer Möglichkeiten. Aber er ist nicht ihr Schöpfer. Mit seiner Unterstützung kann die Lebenskraft offenbar werden, aber sie existiert unabhängig von ihm.

Diese Annahmen führen bei manchen Therapeuten zu einer paradoxen Situation, die sich nur schwer auflösen läßt. Therapeuten, die Klienten von ihrem Leiden „erlösen" wollen, gehen davon aus, daß der Klient selbst nicht die nötigen Mittel für eine Veränderung besitzt. Der Satirsche Ansatz hingegen besagt, daß der Klient immer selbst für sich verantwortlich ist. Der Therapeut muß also die Rolle des „Erlösers" aufgeben.

Drittens muß der Therapeut den Familienprozeß, seine Mühsal und seine Möglichkeiten akzeptieren. „Akzeptieren" meint nicht unbedingt „lieben", sondern beschreibt eher eine nicht wertende Haltung. Er betrachtet die Ereignisse aus einer Perspektive, die eine Vielzahl von möglichen Ursachen berücksichtigt und deshalb Schuldzuweisungen ausschließt.

Viertens muß der Therapeut offen sein und seine Persönlichkeit als therapeutisches Werkzeug benutzen. Virginia Satir formuliert das so:

> „Es ist eine ehrfurchtgebietende Angelegenheit, die eigene Person als therapeutisches Werkzeug einzusetzen. Um dieser Aufgabe gerecht werden zu können, müssen wir unsere Menschlichkeit und Reife ständig erweitern. Wir gehen mit dem Leben von Menschen um. Man kann m. E. den Beruf des Therapeuten nicht einfach so erlernen wie beispielsweise den Beruf des Installateurs. Ein Installateur verläßt sich auf seine Technik. Therapeuten müssen mehr tun. Man muß ein Abflußrohr nicht lieben, um es reparieren zu können. Jenseits aller Methoden, Philosophien oder familientherapeutischen

Schulen gibt es eine Gemeinsamkeit. Was immer wir in unserer Arbeit mit Menschen tun, wir haben nur ein Medium dafür: uns selbst als Menschen.

Wenn ich lehre, ziele ich in der Tiefe auf das Menschsein des Therapeuten ab. Wir sind Menschen, die mit Menschen umgehen. Wir müssen uns selbst verstehen und lieben können, um andere sehen, hören, berühren, wahrnehmen und verstehen zu können. Wir müssen Bedingungen schaffen können, unter denen andere uns sehen, hören, berühren und verstehen können."

Eine solche Verpflichtung hat viele Implikationen für die Behandlung. Der Therapeut muß bereit sein, sich als Partner im Veränderungsprozeß zur Verfügung zu stellen. Er ist zwar Experte für zwischenmenschliche Beziehungen, aber auf der menschlichen Ebene ist er keineswegs überlegen. Er muß stets bereit sein, seine Gefühle offenzulegen, und seiner inneren Einsicht vertrauen, wenn ihm etwas nicht klar ist. Diagnostisch ist dieses Vertrauen in die eigenen Reaktionen sehr wichtig, auch wenn der Therapeut unter Umständen nicht genau weiß, was seine Gefühle wirklich bedeuten, und deshalb riskiert, negative Reaktionen auf sich zu ziehen.

Zwischen dem Bedürfnis der Familie, den Therapeut als Experten zu betrachten, und ihrer Bewußtheit von seiner Verletzbarkeit muß eine schwierige Balance aufrechterhalten werden. Das heißt, der Therapeut muß seine Sachkenntnis auf unterschiedlichen Ebenen beweisen: in seiner Zentriertheit, seiner Fähigkeit, die Führung zu übernehmen, und in seinen Interventionen, wenn er destruktive Kräfte spürt. Die Bereitschaft des Therapeuten, sich zu exponieren, dient der Familie als Modell dafür, daß Gefühle nicht destruktiv sind und daß die Offenheit gegenüber Gefühlen notwendig zum Wachstum gehört.

Ein Ansatz, der die eigene Verletzbarkeit als diagnostisches Werkzeug benutzt, steht im krassen Gegensatz zu Ansätzen, die auf eine Situation einen bereits vorhandenen theoretischen Rahmen anwenden wollen. Der Versuch, die Familie in einen solchen theoretischen Rahmen einzufügen, kann den Therapeuten unter Umständen gefährlich blind für Realitäten in der Familie machen, die an sich ganz offensichtlich sind. Andererseits ist es zu Anfang ziemlich bedrohlich, Offenheit, Verletzbarkeit und eigene Gefühle zur Diagnose heranzuziehen. Fachwissen, das in langen Jahren therapeutischer Arbeit erworben wurde, scheint zunächst wertlos und läßt den Therapeuten wie den Kaiser im Märchen ohne Kleider zurück. Erst wenn man sich mit diesem Ansatz vertraut gemacht hat, erkennt man die Struktur und Präzision, die ihn auszeichnet.

Grundsätzlich muß der Therapeut bereit sein, mit den Ambivalenzen eines sehr dynamischen und permanent im Fluß befindlichen Systems umzugehen, wie auch mit zahlreichen Variablen, die jederzeit aufbrechen können.

Er kann keinen ordentlichen Behandlungsplan aufstellen. Er muß schnell umschalten können, manchmal viele Male in einer einzigen Sitzung. Die äußere Instabilität des Prozesses erfordert zwingend innere Kongruenz, Gleichgewicht und Stärke. Ohne solche Eigenschaften kann man mit der Methode nicht arbeiten.

Eine andere notwendige Eigenschaft ist Bescheidenheit. Man muß bescheiden sein, um einsehen zu können, daß man nicht weiß, was für andere gut ist, und um die Grenzen der eigenen Wahrnehmung zu akzeptieren. In Teil I gibt es unzählige Beispiele dafür, wie Virginia Satir die Genauigkeit ihrer Deutungen wieder und wieder überprüft. Der Therapeut muß also an seiner eigenen Intuition entlang arbeiten, ohne seine Wahrnehmungen absolut zu setzen.

Und schließlich muß ein Therapeut, der mit dieser Methode arbeiten will, von der Kraft des Lebens überzeugt sein und auf ihren positiven Ausdruck hinarbeiten. Er setzt also die Lebenskraft bei jedem Menschen, dem er begegnet, voraus, auch bei solchen, deren Verhalten absolut verachtenswert erscheint. Er behandelt jeden Menschen mit Achtung, Respekt und Ehrfurcht vor seinen Möglichkeiten.

Virginia Satir beschreibt das Menschsein des Therapeuten so:

> „Nach meiner Erfahrung steht am Ende unserer Arbeit mit einem Menschen der tiefe Respekt vor der menschlichen Seele. Vor zwanzig Jahren habe ich jeden Bezug auf die ‚Seele' sorgfältig vermieden, weil das in den religiösen Bereich gehört und in der ‚Wissenschaft' der Psychotherapie keinen Platz hat. Mittlerweile glaube ich eher, daß die Psychiatrie nicht entstanden wäre, wenn die Religion wirklich funktioniert hätte. Mir offenbart sich die Seele jetzt anders. Sie zeigt sich in der Art, in der wir uns als Menschen achten, wie wir mit unserem Körper, unseren Gefühlen und mit der Pflanzen- und Tierwelt um uns herum umgehen. Dabei fällt mir immer häufiger der Begriff des ‚Nährens' ein. Das meint nicht ‚abhängig sein' oder ‚sich verwöhnen', es geht eher um die Freiheit, sich selbst wirklich zu lieben und zu achten. Ich glaube, ein wirklich ‚genährtes' Selbst könnte sich oder andere nie mißbrauchen. Außerdem bin ich überzeugt, daß die menschliche Seele eine Manifestation der Lebenskraft ist oder einer Energie, die sich immer wieder neu aufbaut. Wir stehen an der Schwelle eines Durchbruchs zu einer ganz neuen geistigen Welt. Meiner Erfahrung nach müssen Menschen mit Selbstwert

und Selbstachtung nicht ‚schmarotzen'. Sie sind sich darüber im Klaren, daß die Basis ihres Überlebens in der Fähigkeit besteht, zu begreifen, daß nur sie selbst die Entscheidungen darüber fällen, wie sie reagieren und wie sie handeln. Sie sind zutiefst davon überzeugt, daß das Leben ein Prozeß ist und sich immer verändern kann."

Menschliche und therapeutische Fähigkeiten

Ein Therapeut, der nach diesen Grundsätzen arbeitet, ist offen für die eigenen emotionalen Blockierungen und bereit, immer mehr über sich selbst zu erfahren. Dieser Abschnitt betrachtet die wesentlichen menschlichen wie therapeutischen Fähigkeiten, die der Therapeut ausbauen muß, wenn er effektiv arbeiten will. Im Wachstumsmodell sind die meisten dieser Fähigkeiten auch für die Klienten der Familientherapie und alle anderen Gruppen oder Einzelpersonen auf der Suche nach Wachstum und Veränderung nötig. Daher sind in diesem Kapitel die Begriffe „Therapeut" und „Mensch" austauschbar.

Die erste dieser Fähigkeiten ist die zur Kongruenz. Ein kongruenter Mensch ist mit seinen Gefühlen in Kontakt, unabhängig von der Art der Gefühle. Er bewertet sie nicht, er kritisiert sich nicht dafür, daß er sie hat, sondern betrachtet sie einfach als Maßstab für seinen momentanen inneren Zustand. Da er akzeptiert, was ist, steht ihm sein volles Potential zur Verfügung: ohne inneren Dialog kann er besser sehen, hören und Entscheidungen treffen. Ein kongruenter Mensch ist sich seiner Gefühle nicht nur bewußt, er übernimmt auch die Verantwortung dafür und schiebt die Schuld nicht anderen zu.

Der erste Schritt zur Kongruenz ist also das Erkennen der eigenen Gefühle. Der zweite Schritt ist die Einsicht, daß es mehr als eine Möglichkeit gibt, mit ihnen umzugehen. Manchmal ist es sinnvoll, sie auszudrücken, und manchmal gesünder, sie nicht auszudrücken. Der Zeitpunkt ist wichtig: Ein Ehemann, der wütend ist, weil seine Frau vergessen hat, die Miete zu überweisen, sollte ihr das nicht gerade dann sagen, wenn sie sich beeilen muß, um rechtzeitig zur Arbeit zu kommen. Und für eine Therapeutin wäre es ein Fehler, einem Vater zu Anfang der ersten Sitzung mitzuteilen, daß er sie an ihren kürzlich verstorbenen Mann erinnert und sie deswegen traurig ist. Wenn solche Gefühle den Behandlungsprozeß stören, muß man sich natürlich im Lauf der Zeit mit ihnen befassen, aber ein kongruenter Mensch ist sich des Kontexts seiner Gefühle bewußt und bezieht ihn in seine Reaktion ein. Viele Menschen haben Angst vor Gefühlen, weil ihnen das Bewußtsein von den mannigfachen Möglichkeiten, sie auszudrücken, fehlt. Diese mangelnde Bewußtheit ist das traurige Ergebnis eines Erziehungsprozesses, der zwischen Verhaltensweisen und Gefühlen nicht unterscheidet. Ein Kind, das einen Stein nach seinem Bruder wirft, muß lernen, daß dieses Verhalten nicht akzeptiert werden kann und daß es andere Methoden entwickeln muß, mit seinem Ärger umzugehen. Statt dessen wird ihm beigebracht, Ärger sei ein Gefühl, das nicht akzeptiert wird.

Kongruenz ist eine wesentliche Vorbedingung, um sich zentrieren zu können. Zentrieren heißt, sich ganz auf die gegenwärtige Situation zu orientieren, ohne sich mit der Zukunft zu beschäftigen. Wenn jemand z. B. einen wichtigen Vortrag halten muß und sich auf der Fahrt dahin in Gedanken so sehr damit beschäftigt, daß er einen entgegenkommenden Wagen übersieht und einen schweren Unfall verursacht, hat ihn die Beschäftigung mit einem zukünftigen Ereignis davon abgehalten, sich zu zentrieren. Dasselbe Problem gibt es in der Therapie, speziell in der Chaos-Phase. Wenn sich der Therapeut mit etwas anderem als der Gegenwart befaßt, kann er den einzelnen Schritten auf dem Weg vom Bekannten zum Unbekannten nicht genügend Aufmerksamkeit schenken.

Der Therapeut muß auch erkennen können, wenn er seine Objektivität verliert, sich nicht mehr im Gleichgewicht und verantwortlich fühlt. Es ist dann seine Hauptaufgabe, sich erneut zu zentrieren, bevor er irgendeinen Versuch der Weiterarbeit unternimmt. Virginia Satir findet Zentrierung so wichtig, daß sie fast alle Workshops oder Ausbildungsgruppen mit einer Meditation oder Zentrierungsübung einleitet. So können alle Teilnehmer auf die Gegenwart fokussieren und sind nicht mehr mit vergangenen oder zukünftigen Ereignissen beschäftigt.

Die Fähigkeit des Therapeuten zur Kontrolle der eigenen Gefühle ist eines der wichtigsten therapeutischen Werkzeuge. Wenn sein inneres Erleben bei einem Interview allen anderen beobachteten Fakten widerspricht und er sich relativ sicher ist, daß diese Reaktion nichts mit irgendwelchen Ereignissen seines eigenen Lebens zu tun hat, dann sollte er unbedingt die weitere Arbeit auf diesen Gefühlen aufbauen. Es braucht Zeit, sich seiner inneren Reaktionen bewußt zu werden und ihnen vertrauen zu können, aber wenn es soweit ist, hat er in Situationen, in denen die Therapie feststeckt, immer einen neuen Weg für das weitere Vorgehen zur Hand.

Der Therapeut muß aber nicht nur auf diese inneren Signale achten. Auch seine Körperhaltung drückt seine Gefühle zu der Familie aus, mit der er arbeitet. Wird er sich z. B. bewußt, daß er sich immer mehr in seinen Sessel verkriecht, muß er prüfen, ob die Arbeit mit der Familie für ihn deprimierend ist.

Ein guter Therapeut verläßt sich auf seine Sinneskanäle. Er muß immer besser sehen, hören, fühlen, riechen, schmecken lernen und diese Fähigkeiten einsetzen und stets verfügbar halten. Je mehr er sich auf seine Sinne verlassen kann, um so genauer kann er beobachten und um so weniger muß er aus den vielfältigen Verhaltens- und Körpersignalen, denen er ausgesetzt ist, deduzieren. Er muß die Kongruenz zwischen Körperbotschaften und verbalen Äußerungen, Stimmfärbung und Ausdrucksqualität der Familienmitglieder beobachten und ihre Bewegungen in Beziehung zu dem setzen können, was gerade woanders passiert. Scharfe Sinne sind dabei ein großer Vorteil.

In dem Maße, in dem der Therapeut diese Eigenschaften und Fähigkeiten entwickelt, kann er auch für seine Klienten ein Modell sein. Dabei ist wahrscheinlich das wichtigste die Bereitschaft, Gefühle offenzulegen, ohne zu wissen, was diese Gefühle wirklich bedeuten oder wie die Familie darauf reagieren wird. Er kann also der Familie modellhaft zeigen, daß Gefühle nicht destruktiv sind, sondern dem Wachstum dienen, weil ihr Ausdruck ein offenes System garantiert.

Ausbildung

Wie können nun interessierte Therapeuten die für diesen Ansatz nötigen Fähigkeiten und Eigenschaften erwerben? Es gibt derzeit kein eigenes Ausbildungsinstitut von Virginia Satir, an dem man einen qualifizierten Abschluß machen könnte. Die meisten ihrer Schüler haben an mindestens einem vierwöchigen Intensivseminar teilgenommen. Andere haben jahrelang mit ihr gearbeitet. Mit diesen und anderen Kollegen, die nach ähnlichen Grundsätzen arbeiten, hat sie das *Avanta Network* gegründet. Die Mehrzahl der Mitglieder sind Familientherapeuten, aber auch andere Disziplinen sind vertreten. Virginia Satir beschreibt das gemeinsame Band, das die Mitglieder vereint:

Engagement: d. h. eine Philosophie, die den Menschen in den Mittelpunkt unserer Arbeit und unseres Lebens stellt.

Kongruenz: d. h. im wesentlichen Ehrlichkeit; Gefühle und Verhalten entsprechen sich.

Kompatibilität: d. h. wir können mit jedem Menschen, dem wir begegnen, eine Beziehung eingehen.

Kompetenz: d. h. wir benutzen Informationen aus unterschiedlichsten Bereichen, um uns selbst und unsere Fähigkeiten im Umgang mit Menschen zu entwickeln und immer mehr über das Menschsein zu lernen.

Kooperation: d. h. miteinander arbeiten, anstatt sich zu streiten und zu konkurrieren.

Mitgefühl: d. h. mit und für andere Menschen fühlen, sich in jemand anderen hineinversetzen können.

Bewußtsein: d. h. die Bewußtheit darüber, daß wir alle mit der universalen Kraft des Lebens verbunden sind.

Gemeinschaft: d. h. die Erkenntnis, daß wir ein grundlegender Bestandteil des menschlichen und ökologischen Kontexts sind.

Durch das Avanta Network haben sich die Ausbildungsmöglichkeiten erweitert, weil viele Avanta-Mitglieder Trainer sind, die mit den Satirschen Ansätzen arbeiten. Einige haben mittlerweile eigene familientherapeutische Ausbildungsinstitute gegründet. (Natürlich sind nicht alle Satir-Schüler Mitglieder des Networks, aber auch sie sind in Praxis und Ausbildung den oben genannten Grundsätzen verpflichtet.) Informationen können angefordert werden bei: Avanta Network, P.O. Box 7402, Menlo Park, CA 94025, USA.

Seit 1980 leitet Virginia Satir in Zusammenarbeit mit Avanta eine jährliche „Process Community". Diese intensive vierwöchige Ausbildungsgruppe verbindet persönliches Wachstum der Teilnehmer mit der Ausbildung in grundlegenden Methoden und Techniken. Angeboten wird eine Kombination aus didaktischem und erlebnisorientiertem Lernen. Virginia Satir macht keine Trennung zwischen den beiden Bereichen; wenn sie die eher theoretischen Aspekte ausführt (vgl. einige der Konzepte, die im ersten Teil beschrieben werden), ankert sie sie durch eine erlebnisorientierte Komponente. Umgekehrt stellt sie erlebnisorientiertes Lernen in einen theoretischen Rahmen.

Die Ausbildung konzentriert sich auf die folgenden Bereiche:

1. Sinnes- und Körperbewußtheit. Die Kandidaten lernen, den Hinweisen ihres eigenen Körpers zu folgen, und werden so bessere Beobachter dieser Hinweise bei anderen.

2. Entwicklung von kongruenter Kommunikation. Hier geht es darum, sich der eigenen Gefühle bewußt zu werden, offener für sie zu sein und größere Genauigkeit in der Kommunikation zu entwickeln.

Teilnehmer wie Trainer arbeiten viel in Triaden. Wie bereits erläutert, ist die Arbeit in der Triade für Virginia Satir einerseits eine Möglichkeit, die Problemrückstände aus der Ursprungstriade (Mutter-Vater-Kind) aufzulösen, und andererseits ein guter Nährboden für das Verstehen der Dynamik in Familien. Das Training findet zum Teil in Kleingruppen statt; hier können die Teilnehmer unter Anleitung einer Avanta-Triade persönliche, Arbeits- oder Familienprobleme durcharbeiten. Triaden repräsentieren Untergruppen von Familien, während die Kleingruppen Probleme spiegeln, die in Familien mit mehr als drei Personen auftauchen. Die Großgruppe schließlich repräsentiert die Arbeit auf Gemeinde-Ebene. In diesen drei Settings kann fast jeder Parallelen zum eigenen Leben finden.

In den letzten beiden Ausbildungswochen liegt der Schwerpunkt auf der Familienrekonstruktion und, in geringerem Maße, auf der Parts Party (vgl. Kapitel 6). Die Familienrekonstruktion ist eine eindrucksvolle dramatische Erfahrung, mit deren Hilfe neue Erkentnisse über die eigene Familie und die psychischen Wurzeln möglich werden. Der Erwachsene reproduziert häufig in seinem Leben, was er in der Kindheit gelernt hat, aber meist paßt das nicht mehr in den Kontext. Durch eine Revision der Quellen dieses Kindheitswissens kann man es mit anderen Augen betrachten und das beiseite legen, was in der Gegenwart Probleme schafft.

Ein Therapeut muß klar unterscheiden können zwischen dem, was in der Arbeit mit einer Familie bei ihm an eigenen Problemen aus der Vergangenheit aktiviert wird, und dem, was bei den Familienmitgliedern, mit denen er arbeitet, abläuft. In anderen Worten: Er muß sich der eigenen ungelösten Bereiche bewußt sein (oder, besser, sie durcharbeiten), die seine Zentrierung an den von der Familie eingebrachten Themen beeinträchtigen können. Aus diesem Grund hat die Familienrekonstruktion in der Ausbildung einen so hohen Stellenwert.

Alle Ausbildungskandidaten können eine Familienrekonstruktion beobachten. Viele nehmen daran teil, und einige haben das Privileg, ihre Familie mit Virginia Satir oder einer Avanta-Triade zu rekonstruieren. Die Arbeit in der Triade und die Familienrekonstruktion entsprechen der Lehranalyse der Psychoanalytiker. Deshalb sollten alle ernsthaft an der Satir-Methode interessierten Therapeuten sich um die Gelegenheit dazu bemühen. Es gibt zahlreiche qualifizierte Ausbilder dafür, nicht nur in den USA. Adressen erhält man vom Avanta-Network.

Ich habe das Training in der „Process Community" deshalb so ausführlich beschrieben, weil es beispielhaft für Virginia Satirs Arbeitsprozeß in Intensiv-Seminaren ist. Dieser Ausbildungsansatz zeigt noch einmal, daß es nicht darum gehen kann, die Satirschen Techniken einfach zu kopieren.

6 Handwerkszeug und Techniken

Als ich mich dazu entschloß, dieses Kapitel über Handwerkszeug und Techniken in das Buch aufzunehmen, bin ich davon ausgegangen, dieser Teil wäre sehr leicht zu schreiben. Ich wollte schließlich nur Techniken oder Übungen darstellen, die Virginia Satir und die Avanta-Mitglieder in der Familientherapie oder in Workshops, mit Gruppen oder Organisationen laufend benutzen. Aber als ich dann mit der Arbeit begann, erkannte ich, daß dieser Plan der Essenz des ganzen Satir-Ansatzes Gewalt antut. Diese Art der Beschreibung müßte zwangsläufig den Eindruck erwecken, man brauche sich für die Anwendung dieser Techniken nur an die Gebrauchsanweisung zu halten. Virginia Satir hat immer betont, daß Techniken zwar sehr nützlich sind, daß es aber entscheidend darauf ankommt, wie sich jemand fühlt und welches Verhältnis er zu Veränderungsmöglichkeiten hat.

Deswegen konzentriere ich mich weniger auf eine detaillierte Beschreibung der Techniken, sondern eher auf den Kontext, in dem sie stehen, und auf das, was man mit ihnen erreichen kann. Die wohl beste Beschreibung, welchen Stellenwert die Techniken innerhalb des Satir-Ansatzes haben, findet sich im Vorwort von *John O. Stevens* zu „Neue Wege der Kurzzeit-Therapie" (*Bandler/Grinder*, Junfermann-Verlag, Paderborn 1987[6]):

„Es gibt eine alte Geschichte über einen Klempner, der gerufen wurde, um das riesige Kesselsystem eines Dampfschiffes zu reparieren, da es nicht mehr richtig funktionierte. Nachdem er dem Maschinisten mit seinen Ausführungen über die vorliegenden Schwierigkeiten zugehört und ihm ein paar Fragen gestellt hatte, ging er in den Kesselraum. Er schaute auf das Labyrinth ineinander verschlungener Röhren, lauschte ein paar Minuten auf die Geräusche im Kessel und auf das Zischen des entweichenden Dampfes und befühlte einige Rohre mit seinen Händen. Dann summte er leise vor sich hin, griff in seinen Overall, zog einen kleinen Hammer heraus und schlug einmal leicht auf ein leuchtend rotes Ventil. Sofort arbeitete das ganze System wieder vollkommen fehlerfrei, und der

Klempner ging nach Hause. Als der Eigner des Dampfschiffes eine Rechnung über eintausend Dollar erhielt, beschwerte er sich darüber, daß der Klempner nur etwa fünfzehn Minuten im Maschinenraum war, und forderte eine detaillierte Rechnung. Der Klempner schickte ihm diese:

für einen leichten Schlag mit dem Hammer	0,50 Dollar
für das Wissen um die richtige Stelle	999,50 Dollar
Gesamtsumme	1.000,00 Dollar."

Für Virginia Satir ist der Schlag mit dem Hammer sehr viel weniger wichtig als das Wissen, wo man hinschlagen muß. Sie findet ständig neue Wege, mit deren Hilfe Familienmitglieder sich selbst und die Familie mit anderen Augen sehen können. Von daher sind ihre Methoden einmalig, weil sie immer an die jeweiligen Bedürfnisse und Situationen angepaßt sind.

„Technik" wird hier verstanden als eine bestimmte Aktivität, die den auftauchenden Bedürfnissen eines Menschen oder einer Gruppe von Menschen *in dem Augenblick, in dem sie auftauchen,* gerecht werden. Der Vorteil liegt in der Orientierung am Erleben, die das Begreifen und die Umsetzung des Begriffenen in Veränderung fördert. Das Durchleben einer Erfahrung fordert den ganzen Menschen, nicht nur einzelne Teile, wie Verstand oder Gefühl. Techniken beinhalten neue Möglichkeiten, eigenes oder fremdes Verhalten zu betrachten: Implizites wird explizit, Fremdes vertraut, Unaussprechliches kann ausgedrückt werden und Bewußtheit wird entwickelt.

Nur wenn sie für die jeweilige Situation „maßgeschneidert" sind, erweisen sich Techniken als sinnvoll, andernfalls sollte man sie gar nicht erst anzuwenden versuchen. Gefährlich wird es, wenn Techniken schablonenhaft benutzt werden, unabhängig von der Situation, oder wenn sie als Lückenbüßer fungieren, die schon für irgendetwas gut sein werden. Das ruft dann ein Zitat ins Gedächtnis, das *Abraham Maslow* zugeschrieben wird: „Wenn das einzige Werkzeug ein Hammer ist, sieht man leicht jedes Problem als Nagel." Und selbst wenn der Nagel wirklich das Problem sein sollte, muß man noch genau wissen, wann, wie und wo er einzuschlagen ist.

Der Einsatz von Techniken erfordert Flexibilität. Manchmal taucht mitten in der Arbeit mit einer Technik ein ganz anderes Bedürfnis auf, oder eine total andere Vorgehensweise bietet sich an. Auch das Ergebnis ist oft nicht vorauszusehen, und auch hier ist Flexibilität nötig. Denn der Therapeut muß unbedingt offen für das tatsächliche Ergebnis sein, auch wenn er vielleicht auf etwas ganz anderes hinauswollte.

Virginia Satir hat die meisten ihrer Techniken eher zufällig oder aus den Erfordernissen der jeweiligen Situation heraus entwickelt. So entstand die Technik der simulierten Familie 1962 bei einer Sozialarbeiterkonferenz in Colorado, weil die Familie, die interviewt werden sollte, nicht kam.

„Als ich das merkte und die aufkommende Panik überwunden hatte, sagte ich mir: ‚In Ordnung, Virginia, wenn du wirklich so clever mit Familiensystemen bist, wie du glaubst, dann solltest du jetzt hier eine Familie simulieren können.' Das Muster entstand irgendwo im Hinterkopf. Ich habe es ausprobiert, und es hat nicht nur funktioniert, es ist ein Modell geworden, das ich seitdem dauernd anwende. Ich benutze es bei der Arbeit mit Gruppen von Familien. Ausbildungskandidaten der Familientherapie durchlaufen verschiedene Arten von simulierten Familien. Und ich benutze es bei der Familienrekonstruktion."

All diese Überlegungen zum Einsatz von Techniken bilden den Hintergrund für die folgende Beschreibung. Zunächst geht es um die Fragen, die sich ein Therapeut stellen sollte, bevor er eine bestimmte Technik oder Intervention benutzt. Dann, nach einigen allgemeinen Bemerkungen zu wesentlichen Elementen der Techniken des Satirschen Ansatzes, beschreibe ich mehrere ihrer Techniken. Und schließlich geht es um die Modifizierungen dieser Techniken in Familientherapie und Workshops.

Fragen zur Vorgehensweise

Die Möglichkeiten, sich für die Vorgehensweise in einer therapeutischen Situation zu entscheiden, sind für jeden Therapeuten andere. Es gibt immer mehrere Möglichkeiten. Die Denkprozesse sind bei jedem Therapeuten anders, aber bestimmte Schlüsselfragen muß sich jeder stellen:

- Was geht gerade bei dieser Person, Familie oder Gruppe vor?
- Was ist da, aber nicht manifest?
- Was muß verändert werden?
- Was möchte ich erreichen?
- Wie erreiche ich dieses Ziel, das ich jetzt gerade vor Augen habe?
- Welche Hilfsmittel (Zeit, Menschen, Kontakt) habe ich zur Verfügung?
- Sind die einzelnen Familienmitglieder bereit für die Erfahrung, die mir im Augenblick vorschwebt?
- Kann diese Erfahrung das gewünschte Ergebnis herbeiführen oder gibt es passendere?

Natürlich läuft dieser Prozeß nicht in der hier beschriebenen Form ab. Die Fragen sind besonders bei erfahrenen Therapeuten nicht so explizit ausformuliert. Aber der Therapeut muß sie beantworten können, sonst ist der weitere Verlauf der Arbeit gefährdet und man läuft Gefahr, auf die bereits beschriebenen Probleme zu stoßen.

Wesentliche Elemente der Satirschen Techniken

Virginia Satir hat die meisten ihrer Techniken selbst erarbeitet oder in Zusammenarbeit mit Theoretikern und Praktikern der „New Consciousness"-Bewegung entwickelt. Sie findet immer Wege, neue, geeignete Ideen sinnvoll umzusetzen. Ihre fast schon magische Fähigkeit, selbst die obskursten und abstraktesten Theorien praktisch umzusetzen, macht diese Theorien lebendig.

Bevor ich die Techniken beschreibe, möchte ich einige Elemente, die in vielen Interaktionen auftauchen, näher beleuchten: Skulptur, Metapher, Drama, Reframing, Humor und Berührung.

Skulptur

Die Technik der Skulptur wurde 1965 entwickelt und ist seitdem stark erweitert worden.

In der Familientherapie wird den Familienmitgliedern das Familiensystem durch erlebnisorientierte Interventionen deutlich gemacht, die die Muster, die die Mitglieder der Familie implizit bereits kennen, explizit zutage treten lassen. Die Technik der Skulptur ist dabei die Intervention, die für den Satirschen Ansatz am typischsten ist. Auf der Basis des Bildes, das sich Virginia Satir von den Vorgängen in der Familie gemacht hat, bittet sie die Familienmitglieder, ihre Beziehungen zueinander als Skulptur darzustellen. Dabei werden Gesten, Körperbilder, Komponenten wie Nähe und Distanz benutzt, um die Kommunikations- und Beziehungsmuster zu zeigen. Oder man läßt einzelne Familienmitglieder ihr Bild von der Familie darstellen, so daß die anderen erkennen können, daß es unterschiedliche Bilder des Familiensystems gibt. Wenn man das Element der Bewegung dazunimmt, ergibt sich aus der Skulptur ein Ballett.

Die Skulptur als Demonstration von Verhaltensweisen zeigt die Kommunikation in der Familie sehr viel genauer als eine rein verbale Beschreibung, und sie macht darüber hinaus vergangene Erfahrungen in der Gegenwart lebendig. Virginia Satir greift sehr direktiv in diesen Prozeß ein, aber, und das ist sehr wichtig, sie überprüft immer wieder sehr sorgfältig mit den Protagonisten, ob ihre Interpretation auch deren innerer Realität entspricht.

Metaphern

Eine Metapher ist eine Sprachfigur, in der „ein Wort oder ein Satz, der — wörtlich genommen — eine Art von Objekt oder Idee bezeichnet, anstelle eines anderen benutzt wird, um eine Ähnlichkeit oder Analogie zwischen ihnen herzustellen" (Webster). Eine Metapher wird also immer dann benutzt, wenn ein Bild oder eine Assoziation von einem Schauplatz zum anderen verlegt wird, um Ähnlichkeiten, Unterschiede oder Mehrdeutigkeiten zu beleuchten. Metaphern können neue Bewußtheit vermitteln, indem sie zwei Ereignisse, Gedanken, Charakteristika oder Bedeutungen verbinden und Erfahrungen von einer Modalität in eine andere übertragen. Metaphern sind nicht auf Sprachfiguren beschränkt; es gibt sie in vielen Lebensbereichen. Beobachtet z. B. ein Therapeut ein Kind, das seiner Puppe sagt: „Wie oft habe ich dir schon gesagt, daß du nicht mit den Fingern essen sollst?", und zieht er aus dieser Beobachtung Rückschlüsse über die Mutter-Kind-Beziehung, dann ist eine Metapher im Spiel.

Das Bild vom Topf als Metapher für Selbstwertgefühle benutzt Virginia Satir häufig, weil die meisten Menschen solche Gefühle in quantitative Begriffe fassen. Die Idee kam ihr, weil es auf der Farm, auf der sie aufwuchs, einen großen eisernen Topf gab, in dem zu bestimmten Zeiten des Jahres Seife, zur Erntezeit aber Eintopf für die Erntehelfer gekocht wurde, und der dann wieder als Jauchebehälter diente. Wer auch immer den Topf benutzen wollte, war mit zwei Fragen konfrontiert: Womit ist der Topf gerade voll, und wie voll ist er?

Ihr Bild von der Dose voll Angelwürmer, das sie für das Verhalten vieler Familien benutzt, ist eine Metapher für die scheinbar sinnlosen Verrenkungen, die viele Familien vollführen. Die Kommunikationshaltungen, die in der Skulptur durch unterschiedliche Stellungen dargestellt werden (siehe Seite 195), sind Metaphern für den äußerlich manifesten Ausdruck innerer Gefühle.

Die Arbeit mit Metaphern hat viele positive Aspekte: man kann darüber Informationen so vermitteln, daß sie nicht bedrohlich wirken, denn sie ermöglichen eine gewisse Distanzierung von der jeweiligen Situation, und sie gestatten Imaginationen, die das Lernen verstärken.

Drama

Dabei spielen die Mitglieder einer Familie oder die Teilnehmer eines Workshops Szenen aus dem eigenen Leben oder dem eines anderen.

Die Möglichkeiten des Rollenspiels — Pantomime, räumliche Darstellung von Beziehungen und Skulptur — gestatten den Ausdruck innerer Bilder, die weit über die lineare, verbale Beschreibung einer Situation hinausgehen, sowie den metaphorischen Ausdruck innerer Zustände, die anders nur schwer zu erklären wären. Die Teilnehmer wenden sich einer Situation wieder neu zu oder lernen das Leben eines anderen von innen heraus kennen. Dadurch wird es möglich, diese Situation mit anderen Augen zu betrachten, neue Einsichten zu gewinnen und neue Beziehungen zu den Menschen ihrer Umgebung zu entwickeln.

Reframing

Virginia Satir deutet problematische Verhaltensweisen und Reaktionen so um, daß die darunterliegenden positiven Absichten und Nebenprodukte deutlich werden. Sinn der Umdeutung ist es, die Wahrnehmung von diesen Verhaltensweisen so zu verändern, daß die Familienmitglieder konstruktiver damit umgehen können. Beispiele für Reframing finden sich in den Kommentaren 25 und 26. Eine ausführliche Beschreibung dieses Ansatzes bieten die Bücher „Die Struktur der Magie", Bd. I und II, und „Reframing" von *Richard Bandler* und *John Grinder* (sämtlich: Junfermann-Verlag, Paderborn) sowie „Mit Familien reden" (in Zusammenarbeit mit V. Satir; Pfeiffer-Verlag, München 1978).

Humor

Humor ist ein weiterer wichtiger Bestandteil von Virginia Satirs Arbeit. Humor hilft, Kontakt mit der Familie herzustellen (Kommentar 3), und schafft eine entspannte und freundliche Atmosphäre. Humor gehört wesentlich zur Skulpturarbeit oder der Entwicklung eines Balletts der Familieninteraktionen dazu. Virginia Satir schlägt ohne Zögern auch in der intensivsten Interaktion einen leichteren Tonfall an, wenn die Situation das rechtfertigt. Das Streß-Ballett von Margie und Casey ist ein Beispiel dafür, wie eine starke therapeutische wie pädagogische Erfahrung durch den humorvollen Kontext der Situation möglich wird und beide sich ihres Verhaltens bewußt werden können, ohne Abwehr dagegen entwickeln zu müssen. Lachen ist ein sehr wirksames therapeutisches Werkzeug, mit dessen Hilfe sich die Wahrnehmung einer Familie verändert.

Berührung

Virginia Satir faßt im Laufe ihrer Arbeit mit einer Familie einzelne Familienmitglieder häufig an. Sie ist sich der starken Wirkung physischen Kontakts bewußt. So gibt sie in der Regel zu Anfang des Interviews jedem Familienmitglied die Hand. Berührung ist aber keineswegs eine automatische, mechanische „Technik", die unterschiedslos eingesetzt werden kann. Virginia Satir ist sehr sensibel für die Anzeichen der persönlichen Grenzen, und sie respektiert sie. Ihre Berührungen sind immer Reaktionen auf eine, zumindest unterschwellige, Aufforderung. Wenn sie zu den einzelnen Teilnehmern Rapport hergestellt hat, berührt sie sie häufiger, oft zur nonverbalen Unterstützung, wenn sie verbal mit einem anderen Familienmitglied beschäftigt ist (vgl. Kommentare 49 und 84). Sie selbst beschreibt das so:

> „Meine Hände sind mein wertvollstes Kapitel für die Behandlung. Auch mein Körper, meine Haut, weil sie spüren, was vorgeht, meine Augen fürs Sehen; und dann die Verbindung aller Sinne. Hände sind *so* wichtig; deshalb versuche ich, Menschen bei der Erziehung ihrer Hände zu helfen. Und wenn ich Zuneigung zu Menschen verspüre, helfe ich auch bei der Erziehung der Körper, beim Bewußtmachen von Raum und Grenzen. Ich glaube, genau darum geht es bei Beziehungen. Und damit kann ich auch Intimität definieren: als Freiheit, die Räume zwischen den Menschen zu respektieren — wenn man eingeladen ist, geht man hin, und ohne Einladung dringt man nicht einfach ein. Das ist wirkliche Intimität."

Spezielle Techniken

Im folgenden werden einige Techniken beschrieben, mit denen Virginia Satir und die Avanta-Mitglieder in der Familientherapie wie in Workshops arbeiten. Sie werden sowohl in der hier beschriebenen Form benutzt als auch modifiziert, verkürzt oder in andere Übungen integriert. Der Phantasie des Therapeuten sind bei ihrer Anwendung keine Grenzen gesetzt.

Die Beschreibung konzentriert sich auf die Ziele, die mit ihrer Hilfe erreicht werden sollen, und will keineswegs als Gebrauchsanweisung verstanden werden, sondern nur als Beispiel. Abhängig von der jeweiligen Situation können sie jederzeit umgestaltet oder erweitert werden.

Ausführlicher als den anderen Techniken widme ich mich der Familienrekonstruktion, weil sie am besten die Suche nach Lebenssinn verkörpert. Sie bildet zudem das Herzstück der Satirschen Arbeit.

Kommunikationshaltungen

Die Kommunikationshaltungen wurden bereits 1964 von Virginia Satir entwickelt.

Die Arbeit mit Kommunikationshaltungen ist eine Grundtechnik in Familientherapie und Workshops. Kommunikationshaltungen können selbständig oder als Bestandteil anderer Techniken (simulierte Familie, Familienrekonstruktion etc.) eingesetzt werden. Sie veranschaulichen fünf grundlegende Interaktionsmuster, die in Familien universell vorkommen: die versöhnliche, die anklagende, die rationalisierende, die irrelevante und die kongruente Haltung. In Gruppen von drei bis fünf Teilnehmern nehmen die Familienmitglieder oder Workshop-Teilnehmer Haltungen ein, die diese Kommunikationsformen repräsentieren. Sie karikieren dabei die physischen Positionen, die den verbalen Ausdruck dieser Kommunikationsmuster repräsentieren. Ein versöhnlicher Mensch z. B. kniet in einer unbeholfenen, unausgewogenen Haltung, den Kopf nach oben gewandt, die Schultern gebeugt, so als würde er jemanden bitten, ihn zu retten und Angelpunkt seines Lebens zu sein. Der Anklagende steht in Vorwurfshaltung, hat einen Arm ausgestreckt und zeigt mit dem Finger auf etwas. Der Rationalisierende steht steif aufgerichtet, als hätte er einen Spazierstock verschluckt, während der Irrelevante total unzusammenhängende Bewegungen macht — der Körper dreht sich, jedes Glied geht in eine andere Richtung —, ohne Bewußtheit von dem, was er tut.

Die Teilnehmer, die nacheinander all diese Haltungen einnehmen, werden sich ihrer bevorzugten Interaktionsmuster, deren Bedeutung für sie selbst und für die Beziehung zu anderen bewußt. Sie entdecken die Bedeutung der Inkongruenz, die eintritt, wenn innere Gefühle und äußerer Ausdruck nicht zusammenpassen.

Mit Hilfe dieser Haltungen kann man der Familie oder den Workshop-Teilnehmern auch zeigen, wie das Familiensystem auf diesen Kommunikationsmustern basiert. Die Kommunikationshaltungen sind ausführlich in Kapitel 5 und 6 von „Selbstwert und Kommunikation" (Pfeiffer-Verlag, München 1975) und in Teil 4 von „Familienbehandlung" (Lambertus-Verlag, Freiburg/Br. 1973) beschrieben.

Familien-Streß-Ballett

Das Streß-Ballett ist eine Erweiterung der Arbeit mit den Kommunikationshaltungen. Die Teilnehmer werden aufgefordert, ihre Positionen in schneller Folge zu verändern, so wie sie es auch in einer Situation des Alltagslebens tun würden. Dieser Wechsel wird entweder unter Anleitung des Therapeuten oder spontan vorgenommen, je nach dem Gespür, das die Teilnehmer für die Vorgänge entwickelt haben. Ein ausgezeichnetes Beispiel für ein Streß-Ballett findet sich in den

Kommentaren 117 bis 120. Casey und Margie entdecken dabei ein Muster in ihrer scheinbar unzusammenhängenden Kommunikation. Ziel des Streß-Balletts ist es, den Familienmitgliedern den hohen Preis deutlich zu machen, den das Familiensystem und die einzelnen Mitglieder für inkongruente Kommunikation zahlen müssen.

Simulierte Familie

Dabei bilden Teilnehmer eines Workshops, die nicht miteinander verwandt sind, Familien und übernehmen die Rollen der einzelnen Familienmitglieder. Wenn man noch nicht an einer solchen Übung teilgenommen hat, mag sie einem als folgenloses Rollenspiel erscheinen, weil sie ja nicht mit der Realität umgeht. Aber die simulierte Familie ist eine sehr wirkungsvolle Technik, die auf der Universalität der Kommunikationsformen basiert und somit sehr schnell denselben Streß produziert wie in realen Familien. Durch die Erfahrung mit der simulierten Familie begreift man die Macht und die universelle Bedeutung des Familiensystems.

Simulierte Familien lassen sich in den unterschiedlichsten Settings einsetzen, um die Charakteristika der Familiensysteme zu erhellen. Sie sind ein sehr wirksames Trainings- und Ausbildungsinstrument für Workshops oder Demonstrationen. Man kann sie auch „auf die Bühne" stellen und dem Publikum die Gelegenheit geben, auf die „Vorstellung" zu reagieren. Mit dieser Technik können aber auch wirkliche Familien mehr über sich erfahren: Einzelne Familienmitglieder stellen dabei das Verhalten der anderen dar. Die Mutter zeigt z. B. dem Vater, wie sie seine Handlungen sieht, oder umgekehrt, und vielleicht versteht sie dann sein Verhalten besser, wenn sie plötzlich in seiner Haut steckt. Diese Methode läßt sich vielfältig variieren.

Therapeutische Arbeit mit Seilen

Seile eignen sich als Metapher für Beziehungen. Sie können den Familienmitgliedern das Beziehungsgeflecht in der Familie verdeutlichen, und man kann mit ihnen ausgezeichnet zeigen, wie ein Teil des Familiensystems das Ganze beeinflußt. Jedes Familienmitglied bekommt ein kurzes Seil, das für das Selbst steht, und bindet es um die Taille. Dann bekommt jeder ein Seil für jedes andere Familienmitglied. Diese Seile, die die Beziehungen repräsentieren, werden an das eigene Seil gebunden. Dann gibt jeder den anderen die entsprechenden Seile. Damit ist jeder durch die Seile, die seine Beziehung zu den anderen repräsentieren, und durch die Seile der anderen belastet.

Ziel dieser Technik ist es, Teilnehmern wie Beobachtern klarzumachen, wie wichtig es ist, diese Seile umsichtig zu benutzen, weil sie andernfalls unglaubliche Verwirrungen und Spannungen schaffen. Familienmitglieder erkennen oftmals nicht, daß sie unmöglich allen anderen gleichermaßen und gleichzeitig Aufmerksamkeit schenken können und daß sie sich in den Familienbeziehungen frei bewegen können müssen. Die Seile können die Gefühle hervorrufen, die die Teilnehmer ohne die reale, physisch spürbare „Bindung" im Alltag erleben. Und umgekehrt läßt sich das Bewußtsein dessen, was passiert, wenn sie die Spannung des Seils lockern, auf die wirkliche Situation übertragen.

Seile eignen sich auch als Metaphern für andere Interaktionen, Verbindungen oder Beziehungen, z. B. zur Erweiterung der Bewußtheit oder um zu demonstrieren, wie sich Spannungen und Streß in entspanntere Zustände verwandeln lassen.

Anatomie einer Beziehung

Diese Technik macht Paaren bewußt, inwieweit ihr Familienleben und ihre Paarbeziehung von ihrem unausgesprochenen und meist unbewußten Ehevertrag geprägt ist. Dieser stillschweigende Vertrag besteht in der Regel aus einer Mischung von Träumen und Phantasien über die ideale Beziehung und den tiefverwurzelten Bedürfnissen, die jeder Partner in die Ehe einbringt. Eine solche Phantasie erwächst z. B. aus dem mißverstandenen Bibelwort, daß Mann und Frau „eins" sein sollen. Eine solch unrealistische Erwartung macht die schwierige Balance zwischen „Ich, Du und Wir" unmöglich, die Teil jeder gesunden Beziehung ist.

Die Skulptur einiger grundlegender Kommunikationshaltungen kann die möglichen Variationen des Ehevertrags und seine Auswirkungen auf das Paar und die Kinder demonstrieren. Dazu bittet man einen Mann und eine Frau (ein reales Paar oder Freiwillige aus der Gruppe, je nach Kontext), die Interaktion als Skulptur darzustellen z. B. ein Paar, dessen Vertrag so aussieht, daß der Mann als starke Persönlichkeit gerne für andere sorgt, während die Frau es sehr angenehm findet, sich anlehnen zu können.

Der Mann würde also aufrecht dastehen und nach vorn blicken, während die Frau hinter ihm steht, sich an seinen Rücken lehnt und ihm die Arme um den Hals legt. Wenn sie spricht, sagt sie: „Du bist mein großer Held", was seinem Ich schmeichelt. Dann zieht ihn die Frau stärker nach hinten und verstärkt den Druck auf seinen Rücken solange, bis ihm Nacken oder Rücken wehtut, besonders, wenn er sich zu bewegen versucht und sie als „Last“ empfindet. Wenn Kinder ins Spiel kommen, verstärkt sich der Druck auf den Rücken des Vaters / Ehemanns in der Regel und schafft Belastungen, die zu den unterschiedlichsten Konsequenzen führen können. Natürlich ist auch die umgekehrte Situation möglich: Der Mann stützt sich auf seine Frau. Das ist nur ein Beispiel für den impliziten Vertrag zwischen einem Paar.

Die Anatomie der Beziehung ist ein wichtiges diagnostisches Mittel, wenn z. B. die Partner zunächst eine Skulptur bilden, die ihre Sicht der Beziehung abbildet, und dann eine zweite, die zeigt, wie sie sich die Beziehung wünschen.

Familienrekonstruktion

Die Familienrekonstruktion wurde 1964 begonnen und 1968 in der jetzigen Form entwickelt.

Die Familienrekonstruktion repräsentiert Virginia Satirs Theorien über Entwicklung und Veränderung wohl am deutlichsten. Wie so viele Techniken enthält sie Elemente anderer Schulen, z. B. aus System- und Kommunikationstheorie, Gruppendynamik, Psychodrama, Gestalttherapie und Psychoanalyse. Das Endergebnis ist jedoch eine eigenständige und sehr wirksame therapeutische und pädagogische Erfahrung.

Die Familienrekonstruktion hat drei Ziele:

Erstens soll sie die Quellen frühen Lernens aufdecken. Die Menschen, die die Verantwortung für unsere Entwicklung übernommen haben, hatten oft sehr verschiedene Vorstellungen. Wir sind also mit unterschiedlichen Botschaften über Ereignisse und Erwartungen aufgewachsen. Der Versuch, diesen Widersprüchen einen Sinn zu geben, hat oft eine verzerrte Realitätssicht zur Folge, weil im Puzzle des Lebens viele Stücke fehlten. Außerdem haben sich die Erwachsenen in der Regel zwar sehr um unsere physischen, intellektuellen und moralischen Belange gekümmert, aber die Entwicklung unserer Gefühle meist vernachlässigt. Wenn ein Kind z. B. bei seinen Eltern einen sorgen- oder kummervollen Gesichtsausdruck wahrnimmt, auf seine Fragen aber zu hören bekommt: „Ach, es ist nichts, geh spielen“, bleibt ein großes Fragezeichen. Und der Versuch, eine Antwort zu finden, führt wahrscheinlich zu einer sehr verzerrten Vorstellung von dem, was die Eltern motiviert und wie sich ihr Verhalten erklären läßt. Als Ergebnis wächst dieses Kind (wie fast alle Kinder) mit einem Haufen Unsinn auf, den es als Tatsache akzeptiert. Natürlich tun die Eltern dies nicht aus Böswilligkeit, sondern weil sie meist nicht wissen, daß ihre Kinder, auch wenn sie noch so klein sind, hören, riechen, tasten, fühlen und denken können. Die meisten Eltern haben anscheinend drei Prinzipien:

a) Erwachsene sollen Kinder nicht belasten und sie vor Häßlichem und Bösem schützen,
b) Erwachsene müssen den Kindern ein Beispiel für ihre Regeln geben, z. B.: „Ich muß immer fröhlich und stark sein",
c) Kinder sind zu jung und verstehen deshalb nichts.

Im Prozeß der Familienrekonstruktion erhält der Protagonist oder „Star", wie der Klient bei dieser Übung meist genannt wird, die Gelegenheit, die Geheimnisse seines Lebens zu rekonstruieren und die fehlenden Teile des Puzzles aufzuspüren. Er kann zu der Traurigkeit seiner Eltern zurückgehen, seine damalige Reaktion darauf wiedererleben und die Ereignisse ohne seine damaligen Wahrnehmungen oder Verzerrungen neu begreifen.

Zweitens entwickelt der Star eine Bewußtheit der Menschlichkeit seiner Eltern. Viele Menschen tragen ihr Leben lang das Elternbild in sich, das sie entwickelt haben, als ihr eigenes Überleben ganz von den Eltern abhängig war. Das ergibt ein verzerrtes Bild von ihren Eltern als Menschen damals und heute. Das reicht vom Bild des überlebensgroßen Helden bis zu dem vom verachtenswerten Schwächling. Oder der eine Elternteil bleibt ein „Heiliger", während der andere als „Teufel" gesehen wird (vgl. Margie in Kommentar 57).

Drittens gibt die Familienrekonstruktion dem Star die Gelegenheit, den Weg zum eigenen Menschsein auszubauen. Wenn er die fehlenden Stücke zu verstehen beginnt, die seine Realitätssicht verzerren, und seine Eltern mit den Augen eines Erwachsenen betrachten kann, kann er auch für sich selbst ein neues Lebensmodell entwickeln. Er verwandelt das alte Modell in eins, das der Existenz eines erwachsenen Menschen besser entspricht. Und wenn eine große Kluft zwischen ihm und seinen Eltern existiert, findet er vielleicht neue Möglichkeiten für eine bessere Beziehung.

Eine Familienrekonstruktion braucht ein Gruppensetting mit so vielen Teilnehmern, daß für jedes Familienmitglied ein Gruppenmitglied zur Verfügung steht, d. h. in der Regel zehn bis zwanzig Leute. Wenn irgend möglich, sollten Dargestellte und Darsteller dasselbe Geschlecht haben. Eine notwendige Vorbereitung für die Familienrekonstruktion ist ein chronologischer Bericht der Familiengeschichte von der Geburt des ältesten Großelternteils bis in die Gegenwart. Dabei werden nur Ereignisse aufgelistet. Der Therapeut, der den Star durch die Rekonstruktion führt, stellt seine Fragen anhand der Chronologie und orientiert sich nicht an den Erinnerungen des Stars. Das zwingt diesen, auf Ereignisse zu fokussieren, die er sonst vergessen hätte, weil unser Gedächtnis die signifikanten Ereignisse aussortiert und miteinander verbindet. So entsteht ein ungenaues Bild von Ursache und Wirkung.

Diese Chronologie gibt einen geordneten Bericht über die Ereignisse in der Familie. Einbezogen sind neben Geburten, Todesfällen, Umzügen, Hochzeiten etc. auch Ereignisse, die für den Star eine persönliche Bedeutung haben, auch wenn sie anderen unwichtig erscheinen. Dabei werden die genaue Zeit, der Ort und das Setting notiert, die anwesenden Personen und das, was sie taten. Historische Ereignisse, die den Kontext für spezifische Familienereignisse bilden, sind ebenfalls wichtig.

Ein zweiter Teil der Vorbereitung ist die Erstellung eines Stammbaums. Dabei handelt es sich um die räumliche oder graphische Darstellung des Familienverbandes über drei Generationen, ausgehend von der Geburt des ältesten Großelternteils. Der Star setzt alle Namen ein und schreibt jedem Namen fünf oder sechs Adjektive zu, die seine eigene Wahrnehmung der Person oder die Wahrnehmungen, die er von der Familie übernommen hat, beschreiben. Kann er sich an einen Namen nicht erinnern, denkt er sich einen aus. Bereits bei der Vorbereitung erfährt der Star also schon viel über die Menschen, die seine Vergangenheit prägten.

Ein drittes Element der Vorbereitung ist der „Einflußkreis". Dabei malt der Star einen Kreis, in dessen Mittelpunkt er selbst steht, und zieht Striche zu all den Menschen, die in seinem Leben eine signifikante Rolle gespielt und seine Entwicklung beeinflußt haben. Die Stärke des Strichs repräsentiert die Bedeutung der Beziehung.

Schon vor Beginn der Rekonstruktion muß eine vertrauensvolle Beziehung zwischen Therapeut und Star bestehen. Der Therapeut muß einige Zeit mit dem Star verbracht haben, um sich mit den Informationen, die in der Vorbereitungszeit zutage kommen, vertraut machen zu können. Auf der Grundlage dieser Informationen wählt der Therapeut bestimmte Szenen aus, die die in diesem Prozeß gewonnenen Erfahrungen vertiefen sollen. Die Kunst des Therapeuten zeigt sich in dieser Auswahl.

Die Rekonstruktion selbst ist eine Art Drama. Die wesentlichsten Szenen dabei sind:

1. die Lebensgeschichte jedes Elternteils. Das betrifft auch die Großeltern des Stars;
2. die Geschichte des Kennenlernens, der Werbung und Eheschließung der Eltern;
3. die Geburt der Kinder aus dieser Verbindung, mit Schwerpunkt auf der Geburt des Stars.

Das Nachspielen der Kindheit der Eltern erhellt deren frühe Erfahrungen. Das eröffnet einen Zugang zum Verständnis ihres Personseins und der Partnerwahl wie auch der daraus resultierenden Interaktionen. Das Porträtieren ihres ersten Zusammentreffens, ihrer Werbung und Eheschließung macht die Eltern als Menschen erfahrbar, die man verstehen und mit denen man sich identifizieren kann. Er kann so auch den verdeckten Vertrag verstehen, der zu dem späteren Schmerz, mit dem der Star in der Regel sehr viel vertrauter war, geführt hat. Die Entfaltung seiner eigenen Familie ermöglicht ihm, neue Erfahrungen mit anderen Augen zu betrachten.

Der Therapeut benutzt jede Gelegenheit, die sich aus seinen Informationen ergibt, die vergangenen Ereignisse zu beleuchten, sie mit dem Selbstwertgefühl des Stars in Verbindung zu setzen und den Weg für neue Erfahrungen zu bereiten. Wenn dem Star bewußt wird, daß er veraltete Bewältigungsmuster benutzt, kann er sie aufgeben und sich so verhalten, wie es jetzt für ihn angemessen ist, also frei statt zwanghaft handeln.

Eine Familienrekonstruktion kann nicht immer so durchgeführt werden. Bei Menschen, die adoptiert wurden oder in Waisenhäusern aufwuchsen, geht es eher darum, ihnen anhand des verfügbaren Informationsmaterials einen neuen Blick auf die Geschichte, die sie sich über sich und ihre Familie zurechtgelegt haben, zu ermöglichen. (Eine umfassendere Darstellung findet sich in „Your third birth", Herbst 1985)

Die Parts Party

Die Parts Party will bewußt machen, daß jeder Mensch verschiedene Anteile hat. Mit ihrer Hilfe kann man den Klienten mit diesen Anteilen vertraut machen und ihm helfen, sie zu verstehen und harmonisch und integriert mit ihnen umzugehen. Jeder dieser Anteile erwartet Erfüllung. Oft sind die einzelnen Teile nicht in Übereinstimmung und blockieren sich gegenseitig. Wir schätzen die Teile, die sich als nützlich erwiesen haben, und möchten sie erweitern. Andere mögen wir nicht, aber wir können sie transformieren und damit nutzbar machen. Und manche Anteile sind uns nicht bewußt und müssen erst geweckt werden. Im Prozeß der Parts Party können wir diese Anteile beobachten und lernen, daß sie harmonischer funktionieren, wenn sie nicht konkurrieren, sondern kooperieren.

Die Anteile eines Menschen entwickeln sich aus all seinen Erfahrungen und aus den psychischen Deutungen dieser Erfahrungen. Ergebnis dieser Deutungen ist die positive oder negative Bewertung seiner Anteile. So bleibt Ärger z. B. aufgrund früher Botschaften meist negativ besetzt, während Aggressivität je nach den individuellen Erfahrungen und Interpretationen positiv oder negativ gesehen wird. Aggressivität ist z. B. erwünscht, wenn man alle Anstrengungen auf das Erreichen eines bestimmten Ziels, z. B. beim Sport, richtet. Geht es aber darum, Übereinstimmung in einer Gruppe zu erzielen, gilt sie als negativ.

Man kann die Anteile eines Menschen auch unter dem Aspekt der Energie betrachten. Diese Energie macht es möglich, sie zu transformieren, wenn sie begreifen, daß es Entscheidungsmöglichkeiten für Ort und Art des Einsatzes und die Möglichkeit zur Kooperation mit anderen Teilen gibt.

Eine Parts Party braucht eine Gruppe mit mindestens zehn Teilnehmern. Der Therapeut bittet den Gastgeber (also denjenigen, für den die Party gegeben wird), mindestens sechs und höchstens zehn Namen von Männern und Frauen des öffentlichen Lebens zu nennen, die ihn entweder anziehen oder abstoßen, auf jeden Fall aber interessant genug sind, zu seiner Party eingeladen zu werden. Der Therapeut schreibt die Namen auf eine Tafel und bittet den Gastgeber, jedem Gast ein Adjektiv zuzuordnen, das seine Gefühle ihm gegenüber beschreibt. Dann sucht sich der Gastgeber aus der Gruppe die Darsteller für seine Gäste aus. Dabei ist es wichtig, daß jeder Gast die genaue Bedeutung der Zuschreibung versteht, damit er seine Rolle so spielen kann, wie sie der Gastgeber sieht. Wenn er z. B. John Wayne wegen seiner Stärke einlädt, muß sich der Darsteller auf diese Eigenschaft konzentrieren, auch wenn er selbst ein anderes Bild von ihm hat.

Haben alle Gäste ihre Rollen begriffen, bittet der Therapeut sie, zur Party zu kommen, wobei er die jeweiligen Persönlichkeiten und ihre Zuschreibungen übertrieben dramatisiert. Die Erfahrung gliedert sich in folgende Abschnitte:

1. Begegnung mit den Teilen

Als erstes begrüßt der Gastgeber seine Gäste und beobachtet ihre Interaktionen. Sobald die Gäste die ersten Gruppen bilden, hält der Therapeut die Handlung an und zeigt dem Gastgeber, wer mit wem zusammensteht: „John Wayne, deine Stärke, steht neben Cleopatra, deiner Sexualität" usw. Danach geht die Party weiter, wird aber jedesmal angehalten, wenn sich neue Gruppen bilden. Der Therapeut zeigt immer nur auf, was geschieht.

2. Erleben der Konflikte zwischen den Teilen

Gibt es Anzeichen für Konflikte in einer oder mehreren Gruppen, hält der Therapeut die Handlung an und fordert einen aus der Gruppe zum Sprechen auf. Der Gastgeber hört genau zu und sagt dann, wieweit ihm der Konflikt bekannt vorkommt. Ist dem Gastgeber der Konflikt vertraut, fordert der Therapeut zu verstärkter Aktion auf. Andernfalls geht die Party weiter, bis ein anderer Konflikt auftaucht, der dem Gastgeber vertraut ist. Jeder Anteil (im Verlauf der Party legen die Spieler die Namen ab und werden zu den Eigenschaften, die sie vertreten) stellt dann fest, was vorgeht und wie er sich dabei fühlt, während der Gastgeber genau zuhört.

Dann fordert der Therapeut die Teilnehmer auf, zu versuchen, die Party mit ihren Eigenschaften zu beherrschen, und zwar nicht verbal, sondern durch direkte Aktion. Wieder soll der Gastgeber sagen, wie weit ihm das Geschehen vertraut ist. Sobald die Handlung deutlich wird, hält der Therapeut sie an. Die Teilnehmer benennen ihre Absichten und die Strategien zu ihrer Durchsetzung.

Wenn alle die Party beherrschen wollen, kann kein Vorhaben gelingen, weil Grenzen und Chaos jede konstruktive Handlung unmöglich machen. Der nächste Schritt ist dann die Frage, was jeder braucht, um sich in der Situation wohler fühlen zu können.

3. Transformation der Anteile

Die einzelnen Anteile werden sich jetzt bewußt, daß sie die Kooperation eines anderen Teils brauchen, um ihre Bedürfnisse zu befriedigen. Die Sexualität sagt z. B., daß sie dem Gastgeber ja ein bißchen Spaß verschaffen könnte, wenn Ehrgeiz und Intelligenz sie nicht so einschränken würden. Der Ehrgeiz erwidert, er würde es nie zu etwas bringen, wenn es nach der Sexualität ginge. Und die Intelligenz meint, die Sexualität mache nur Unsinn, wenn man sie allein ließe. Dann sagt der Gastgeber, wie er sich fühlt.

Die drei Anteile werden jetzt aufgefordert, eine Möglichkeit zu finden, sich gegenseitig zu unterstützen, damit ihr Wert für ihren Besitzer steigt. In der Regel stellen sie fest, daß sie nicht nur ihre Ziele erreichen, sondern sich auch wohler fühlen, wenn sie kooperieren anstatt zu konkurrieren. Diese Kooperation läßt sich aber meist nur durch die Transformation destruktiver in konstruktive Energie erreichen. Ehrgeiz z. B. macht Handlungen oft zu einem Kampf. Wird er aber durch Intelligenz und Vorsicht gezügelt, wandelt sich die negative Energie, die zu destruktivem Verhalten führt, in positive Energie, die den Menschen voranbringt und ihn zu einem guten Anführer macht. Das gilt für alle Anteile, die für den Klienten eine negative Bedeutung haben.

Ähnliche Prozesse gelten für die anderen Teile, so lange, bis sich alle wohlfühlen. Es kommt auch vor, daß für manche Teile nur dann eine Lösung möglich wird, wenn ein oder mehrere neue Teile dazukommen. Der Gastgeber stellt z. B. fest, daß er vergessen hat, die Weisheit einzuladen. Dann wird jemand aus dem Publikum aufgefordert, die Rolle der Weisheit zu spielen und so die Lösung der verbliebenen Konflikte zu ermöglichen. In der Regel ist ein solcher fehlender Teil latent bereits vorhanden. Durch den Prozeß der Parts Party erkennt der Gastgeber, daß es für ihn nötig ist, dafür zu sorgen, daß die Weisheit da ist, wenn er sie braucht.

4. Integration der Anteile

Wenn sich alle Anteile berücksichtigt fühlen und harmonisch miteinander umgehen können, stellen sie sich in einen Kreis rund um den Gastgeber. Der Gastgeber soll Kontakt zu seinen Gefühlen herstellen und sie in Worte fassen. Dann geht jeder Teil nacheinander auf den Gastgeber zu und stellt sich in seinem transformierten Zustand vor (z. B. „Ich bin deine Fähigkeit, dich zu entscheiden."). Wenn alle zu Wort gekommen sind, akzeptiert der Gastgeber förmlich jeden einzelnen. Dann schließt er die Augen, nimmt wieder Kontakt zu seinen Gefühlen auf und verbalisiert sie. Noch einmal meldet sich jeder Anteil einzeln und berührt dabei den Gastgeber mit der Hand, bis alle Anteile mit ihm verbunden sind. Immer noch mit geschlossenen Augen sagt der Gastgeber, wie er sich fühlt. Dann weist der Therapeut jeden Anteil ruhig an, seine Hand wegzunehmen, und der Gastgeber sagt wieder, was er fühlt.

Man kann bei der Parts Party mit den unterschiedlichsten Bereichen arbeiten, je nachdem, welcher Fokus notwendig ist. Man kann z. B. unterschiedliche Körperteile „einladen", wenn der Gastgeber seine Gefühle darin blockiert, oder unterschiedliche Aspekte des Menschen, wie Geist, Gefühl, Körper, Interaktionen und Seele. Die grundlegende Idee bleibt dieselbe: Die Klienten werden sich ihrer Ressourcen bewußt und lernen, sie effektiver einzusetzen, entweder so, wie sie sind, oder nach ihrer Transformation. Der Gastgeber lernt auch, daß er wählen kann, wann und wie er seine Anteile benutzt, und daß sich ihre Energien so umwandeln lassen, daß sie von Belastungen zu Vorzügen werden.

Die Parts Party läßt sich in vielen Situationen einsetzen. Hat z. B. der Star in einer Familienrekonstruktion Schwierigkeiten, mit drei unterschiedlichen Aspekten seines Vaters umzugehen und sie zu integrieren, ist es sinnvoll, diese drei Aspekte von anderen Teilnehmern darstellen und sie interagieren zu lassen. Auch in der Einzeltherapie läßt sich damit arbeiten. Dann spielt der Klient alle Anteile seiner Party selbst.

Übungen zur Erweiterung der Bewußtheit

Virginia Satir hat im Laufe der Zeit eine Vielzahl von Übungen zur Erweiterung der Bewußtheit in unterschiedlichen Bereichen entwickelt. Zwei Bereiche sollen hier kurz vorgestellt werden. Virginia Satir arbeitet häufig mit ihnen, und sie sind ein wesentlicher Bestandteil ihrer Methoden zur Veränderung der Bewußtheit.

Zunächst ist da der affektive Bereich zu nennen. Den Teilnehmern soll bewußt werden, wie selten sie ihre Sinne wirklich voll benutzen, und sie sollen die sinnesmäßige Bewußtheit (*Sensory awareness*) steigern. Diese Übungen werden in Zweiergruppen in einer Reihe von Interaktionen durchgeführt. Sie zeigen konkret und erlebnisorientiert, was passiert, wenn man nicht sieht, fühlt oder spricht, und wie das die Kommunikation beeinflußt.

Der zweite Bereich konzentriert sich auf triadische Übungen. Virginia Satir hat mittlerweile eine ganze Reihe solcher Übungen entwickelt, mit deren Hilfe die Teilnehmer den Einfluß der Triade entdecken oder wiederentdecken können. In manchen Übungen werden die Kommunikationshaltungen in einer triadischen Konstellation benutzt, damit den Teilnehmern bewußt wird, was mit ihnen geschieht. In manchen Übungen lernt man, zu erkennen, wie man sich in einer triadischen Situation fühlt, wenn man einbezogen oder ausgeschlossen wird, und wie sich diese Gefühle je nach der Art des Ausschlusses verändern. Dann wieder gibt es Übungen, in denen ein Teilnehmer einen Säugling oder ein Kleinkind spielt und über seine Gefühle bei gemischten Elternbotschaften in unterschiedlichen Situationen berichtet. Diese Übungen vermitteln nicht nur die Bewußtheit von möglichen Schwierigkeiten, sondern auch die Erfahrung der ungeheuren Möglichkeiten und Ressourcen, die die Triade bietet.

Techniken im Kontext

Alle Techniken und handwerklichen Hilfsmittel, von denen in diesem Kapitel die Rede ist, werden in der Familientherapie benutzt. Sie können aber auch ganz oder teilweise in den unterschiedlichsten Kontexten und Settings angewandt werden, solange sich der Therapeut des jeweiligen Fokus' bewußt ist. Die Basis der Familientherapie ist ein therapeutischer Vertrag: eine Übereinkunft über das, was erkundet wird, und über die Rechte und Pflichten des einzelnen. Nur allzu häufig gehen Therapeuten von der Existenz eines solchen Vertrages allein auf der Basis der üblichen Beziehung zwischen Helfer und Hilfesuchendem aus, nach dem Motto: Wenn jemand zum Therapeuten kommt, muß er fähig und willens sein, sich helfen zu lassen. Nichts ist falscher als das. Die Klienten — bei Familien also die Familienmitglieder — stehen in aller Regel diesem Prozeß nicht nur ziemlich ambivalent gegenüber, sie haben auch unterschiedliche Erwartungen und Auffassungen und sind nicht im gleichen Maße für den Prozeß bereit, haben je individuelle Ängste und Befürchtungen. Diese Gefühle muß man erkennen und akzeptieren, und ein gewisses Maß an Übereinstimmung über die Teilnahme- und Risikobereitschaft des einzelnen ist notwendig. Versagt der Therapeut in diesem Punkt, gibt es in der Regel im Laufe der Therapie Probleme. Virginia Satir widmet der Vertragsphase ganz besonders viel Aufmerksamkeit und benutzt sie sowohl für die Diagnose als auch für die Therapie.

Bei Workshops wird dieser Vertrag durch einen Lernvertrag ersetzt, d. h. die meisten Teilnehmer sind da, weil sie etwas lernen wollen. Daß manche Teilnehmer Therapie suchen und vielfach Therapie auch stattfindet, ändert nichts an den grundsätzlich anderen Schwerpunkten und Zielen. Die von Virginia Satir entwickelten Kommunikationshaltungen z. B. dienen in der Familientherapie dazu, die Bewußtheit der Familienmitglieder auf die Beziehungsmuster in ihren Interaktionen zu lenken, die einem harmonischen Funktionieren der Familie entgegenstehen. Ziel der Arbeit sind neue Möglichkeiten der Wahrnehmung und Bewußtheit von Veränderungsmöglichkeiten. In Workshops hingegen geht es darum, den Teilnehmern durch die Illustration möglicher Kommunikationsmuster in Familien die eigene Anwendung der unterschiedlichen Haltungen bewußt zu machen, wobei selbstverständlich auch Verhaltensänderungen als Resultat der veränderten Bewußtheit möglich sind.

Man könnte jetzt mit einigem Recht darauf hinweisen, daß man die Familienrekonstruktion in der Familientherapie nicht benutzen kann. Wenn man die Familienrekonstruktion als in sich abgeschlossene Technik sieht, die sich nur in einem bestimmten Setting durchführen läßt, ist dies zweifellos richtig. Fokussiert man aber auf die zugrundeliegenden Konzepte, wird deutlich, daß diese sich sehr wohl auf die Arbeit mit Familien übertragen lassen. Ein gutes Beispiel dafür findet sich in Teil I, wenn Virginia Satir Margie und Casey auffordert, ihre Kindheit zu beschreiben, um so besser zu verstehen, wie das ihr eigenes Leben als Eltern beeinflußt hat. Obwohl es in dieser Situation keine erlebnisorientierte Komponente gibt, hätte man sich hier auch ein Rollenspiel zur Rekonstruktion der jeweiligen Eltern vorstellen können. Darüber hinaus sind die Vorbereitungen für die Familienrekonstruktion, also die Chronologie des Familienlebens, der Stammbaum und der Einflußkreis, oft auch in der Familientherapie sinnvoll.

Die Beschreibung der verschiedenen Techniken in diesem Kapitel fokussiert auf die Überzeugungen, die ihnen zugrunde liegen, und weniger auf präzise Anweisungen für ihre Durchführung. Diese Techniken wachsen und verändern sich bei kreativer Anwendung. So verstanden, sind sie offene und flexible Werkzeuge, denen jeder Therapeut den Stempel seiner Persönlichkeit aufdrücken kann.

Teil III

Schlußbemerkung

Ich hoffe, daß die sogenannte „Magie der therapeutischen Veränderung", die mir so oft zugeschrieben wird, durch die gründliche und umfassende Beschreibung von Michele Baldwin für Sie, den Leser, verflogen ist.

Was im Bereich der Magie verbleibt, kann nicht sinnvoll angewandt werden, dessen bin ich mir bewußt. Ich hoffe, dieses Buch zeigt all den Menschen, die sich zu meiner Arbeit hingezogen fühlen, wie sie diesen Weg weitergehen können.

Virginia M. Satir

Literatur

Dieses Literaturverzeichnis enthält über die im Text angegebene Literatur hinaus Titel, die uns beeinflußt haben. Sie können nützlich für ein tieferes Verständnis der Bereiche sein, die im vorliegenden Buch nur gestreift werden konnten.

Ackerman, Nathan, Psychodynamics of Familiy Life, Basic Books, New York 1958.

Bandler, Richard und *Grinder, John,* Frogs into Princes, Real People Press, Moab 1979; dt. Neue Wege der Kurzzeit-Therapie, Junfermann, Paderborn 1981.

—, Reframing, Real People Press, Moab 1982; dt. Reframing, Junfermann, Paderborn 1985.

—, The Structure of Magic, Vols. I und II, Science and Behavior Books, Palo Alto 1975; dt. Die Struktur der Magie, 2 Bde., Junfermann, Paderborn 1981.

— und *Satir, Virginia,* Changing with Families, Science and Behavior Books, Palo Alto 1976; dt. Mit Familien reden, Pfeiffer, München 1978.

Bernhard, Yetta, How to be somebody, Celestrial Arts, Millbrae 1975.

Block, Ken, $C = ab - a^2 + a$: On Becoming a Family, Unveröffentl. Aufsatz 1978.

Bowen, Murray, Family Therapy in Clinical Practice, Jason Aronson, New York 1978.

—, Toward the Differentiation of Self in One's Own Family, in: *Framo, J.* (Hrsg.), Family Interaction: A Dialogue Between Researchers and Family Therapists, Springer Pub., New York 1972.

Brazelton, T. B., On Becoming a Family: The Growth of Attachment, Delacorte, New York 1981.

Buber, M., Ich und Du, Lambert Scheider, Heidelberg 1966.

Burnett-Dixon, Family Reconstruction, unveröffentl. Dissertation, Union Graduate School, Cincinnati 1976.

Buzan, Tony, Use Both Sides of Your Brain, E. P. Dutton, New York 1974.

Caplow, Theodore, Two Against One: Coalitions in Triads, Prentice Hall, Englewood Cliffs 1969.

Capra, Fritjof, The Tao of Physics, Bantam Books, New York 1977; dt. Das Tao der Physik, Scherz, Bern, München, Wien 1984.

Corales, Ramon und *Bernhard, Charles B.,* Theory and Techniques of Family Therapy, Charles C. Thomas, Springfield 1979.

Cousins, Norman, The Anatomy of an Illness, W. W. Norton, New York, 1979; dt. Der Arzt in uns selbst, Rowohlt, Reinbek 1981.

—, The Celebration of Life: Dialogue on Immortality and Infinity, Harper & Row, New York 1974.

Dodson, Laura Sue, Family Counseling: A Systems Approach, in: Muncie (Hrsg.) Accelerated Development, DeWayne Kurpius 1977.

Duhl, Bunny S., From the Inside Out and Other Metaphors, Brunner-Mazel, New York 1983.

Duhl, F. J., Kantor, D. und *Duhl, B. S.,* Learning, Space and Action in Family Therapy: A Primer of Sculpture, in: *Bloch, D.* (Hrsg.), Techniques of Family Psychotherapy, Grune and Stratton, New York 1973.

Ford, Frederick R. und *Herrick, Joan,* Family Rules: Family Life Styles, in: *American Journal of Orthopsychiatry,* Jan. 1974.

Framo, J. L., Rationale and Techniques of Intensive Family Therapy, in: *Boszormenyi-Nagy* und *Framo, J. L.* (Hrsg.), Intensive Family Therapy, Harper & Row, New York 1965; dt. Familientherapie, in: *Boszormenyi-Nagy,* Familientherapie — Theorie und Praxis, Rowohlt, Reinbek 1975.

Haley, Jay, Uncommon Therapy: The Psychiatric Techniques of Milton H. Erickson, M. D., Norton, New York 1977; dt. Die Psychotherapie Milton H. Ericksons, München 1978.
Horne, Arthur M., Family Counseling and Therapy, F. E. Peacock Publishers, Itasca 1982.
Jackson, Don D., Ruskin, Jules und *Satir, V.,* A Method of Analysis of a Family Interview, in: *Archives of General Psychiatry,* Vol. 5, Oct. 1961, S. 321-340.
Kantor, David und *Lehr, William,* Inside the Family, Jossey-Bass, San Francisco 1975.
LeBoyer, Frédérick, Inner Beauty, Inner Light, Knopf, New York 1978.
Lederer, William J. und *Jackson, Don D.,* Mirages of Marriage, Norton, New York 1968; dt. Ehe als Lernprozeß, Pfeiffer, München 1972.
Luthman, Shirley G. und *Kirschenbaum, Martin,* The Dynamic Family, Science and Behavior Books, Palo Alto 1974; dt. Familiensysteme, Pfeiffer, München 1977.
MacGregor, Robert et al., Multiple Impact Therapy with Families, McGraw Hill, New York 1964.
Maslow, A. H., Toward a Psychology of Being, 2. Aufl., Van Nostrand, Princeton 1968; dt. Psychologie des Seins, München 1973.
Merton, Thomas, Raids on the Unspeakable, New Directions, New York 1964.
Minuchin, Salvador, Families and Family Therapy, Harvard University Press, Cambridge 1974; dt. Familie und Familientherapie, Lambertus, Freiburg 1977.
—, et. al., Families of the Slums: An Exploration of Their Structure Treatment, Basic Books, New York 1967.
Montague, Ashley, Touching: The Human Significance of the Skin, Columbia University Press, New York 1971.
Montaigne, Michel de, Essays, Zürich 1985.
Ostrander, Sheila, Schroeder, Lynn with *Ostrander, Nancy,* Superlearning, Delacorte/Confucian, New York 1979; dt. Super-Learning, Scherz, Bern, München 1979.
Papp, P., Silverstein, O. und *Carter, E.,* Family Sculpting in Preventive Work with „Well Families", in: *Family Process* 12:2; 197-212.
Pelletier, Kenneth, R., Holistic Medicine, Delacorte, New York 1980; dt. Gesund leben — gesund sein, München 1983.
—, Mind as Healer, Mind as Slayer: A Holistic Apprach to Preventing Stress Disorders, Delecorte/Delta, New York 1977; dt. Die neue Medizin: Gesundheit durch Vermeidung von Streß, Frankfurt 1982.
Perls, Frederick S., Gestalt Therapy Verbatim, Real People Press, Moab 1969; dt. Gestalt-Therapie in Aktion, Klett, Stuttgart 1974.
—, The Gestalt Approach and Eye Witness to Therapy, 3. Aufl., Science and Behavior Books, Palo Alto 1983; dt. Grundlagen der Gestalttherapie, Pfeiffer, München 1976.
Satir, Virginia, Conjoint Family Therapy, 3. Aufl., Science and Behavior Books, Palo Alto 1983; dt. Familienbehandlung, Lambertus, Freiburg 1973.
—, Peoplemaking, Science and Behavior Books, Palo Alto 1983; dt. Selbstwert und Kommunikation, Pfeiffer, München 1975.
—, Self-Esteem, Celestial Arts, Millbrae 1975.
—, Your Many Faces, Celestial Arts, Millbrae 1978.
—, *Stachowiak, J.* und *Taschman, H.,* Helping Families to Change, Aronson, New York 1977.
Selye, Hans, Stress Without Distress, J. B. Lippincott, Philadelphia 1956; dt. Stress: Lebensregeln vom Entdecker des Streß-Syndroms, Rowohlt, Reinbek 1977.
—, The Stress of Life, J. B. Lippincott, Philadelphia 1956; dt. Stress — mein Leben: Erinnerungen eines Forschers, München 1981.

Shealy, Norman, Ninety Days to Self Health: Biogenetics, Dial, New York 1977.

Simmel, Georg, The Sociology of Georg Simmel, Glencoe Press, New York 1950.

—, The Number of Members as Determinating the Sociological Form of the Group, in: *American Journal of Sociology* VIII, 1 (July 1902), 45-46.

Simonton, O. Carl und *Simonton, Stephanie,* Getting Well Again, Bantam, New York 1980; dt. Wieder gesund werden, Rowohlt, Reinbek 1982.

Watts, A. W., Nature, Man and Woman, Pantheon Books, New York 1958; dt. Im Einklang mit der Natur: der Mensch in der natürlichen Welt und die Liebe von Mann und Frau, München 1981.

—, Psychotherapy East and West, Pantheon Books, New York 1961; dt. Psychotherapie und östliche „Befreiungswege", Kösel, München 1980.

Watzlawick, Paul, An Anthology of Human Communication, Science and Behavior Books, Palo Alto 1963.

—, *Beavin, J., Jackson, D.,* Pragmatics of Human Communication, W. W. Norton, New York 1967; dt. Menschliche Kommunikation: Formen, Störungen, Paradoxien, Huber, Bern, Stuttgart, Wien 1969.

Wegscheider, Don, If Only my Family Understood Me..., CompCare Publications, Minneapolis 1979.

Wegscheider, Sharon, Another Chance: Hope and Health for Alcoholic Families, Science and Behavior Books, Palo Alto 1981.

Whitaker, Carl, Napier, Augustus Y., The Family Crucible: An Intensive Experience in Family Therapy, Harper & Row, New York 1978; dt. Die Bergers — Beispiel einer erfolgreichen Familientherapie, Rowohlt, Reinbek 1982.

JUNFERMANN

Verändern Sie Ihre Gedanken, und Sie verändern Ihre Welt

240 Seiten, kart.
DM 39,80
ISBN 3-87387-366-4

Dieses Buch vermittelt eine Schritt-für-Schritt-Methode für Berater und Therapeuten, die mit coabhängigen Klienten arbeiten. Unabhängig vom therapeutischen Hintergrund der Berater und Therapeuten werden diese Techniken deren Fähigkeit, Co-Abhängigen zu helfen, deutlich erweitern. Die Leser können Schritt für Schritt an Themen arbeiten wie: geringes Selbstwertgefühl, schwache Grenzen oder Unklarheit über die eigene Identität, Mangel an Selbstbehauptung, Beziehungsprobleme, Depressionen, Eßstörungen, Drogenmißbrauch, Ängste, Kindheitstraumen.

Die Prozesse, die in diesem Buch verwendet werden, entstammen dem Neurolinguistischen Programmieren. Jede der angeführten Strategien wurde erfolgreich in Einzel- und Gruppenarbeit angewandt. Das in diesem Arbeitsbuch beschriebene Verfahren vollbringt keine Wunder, aber es wird Therapeuten und Beratern dabei helfen, Klienten auf ihrem Weg in die Unabhängigkeit schneller voranzubringen als andere Verfahren.

„Dieses Buch ist genau das, was man in dem Bereich braucht. Die Autorinnen verbanden ihr Wissen über Co-Abhängigkeit mit den machtvollen Methoden des NLP. Ich empfehle es!" – *Veli-Matti Toivonen,* Psychologe, Präsident der finnischen NLP-Gesellschaft

Sally Chamberlaine, NLP-Master-Practitioner, hat seit 1983 eine Praxis für Psychotherapie in Boulder, Colorado.

Jan Prince ist Kommunikationsberaterin und Therapeutin. Sie hat seit 1984 eine Praxis in Denver, Colorado.

JUNFERMANN VERLAG • Postfach 1840
33048 Paderborn • Telefon 0 52 51/3 40 34